国网甘肃省电力公司

电力企业管理人员安全生产实践

主　编　贺洲强　程　健　齐建东

副主编　谭　亮　李　兵　白宏明

北方联合出版传媒（集团）股份有限公司

辽宁科学技术出版社

·沈　阳·

图书在版编目（CIP）数据

电力企业管理人员安全生产实践 / 贺洲强，程健，齐建东主编 . — 沈阳：辽宁科学技术出版社，2022.11

ISBN 978-7-5591-2762-4

Ⅰ . ①电… Ⅱ . ①贺… ②程… ③齐… Ⅲ . ①电力工业 – 工业企业管理 – 安全生产 Ⅳ . ① F407.616.2

中国版本图书馆 CIP 数据核字 (2022) 第 189305 号

出版发行：辽宁科学技术出版社

　　　　　（地址：沈阳市和平区十一纬路 25 号邮编：110003）

印 刷 者：三河市华晨印务有限公司

经 销 者：各地新华书店

幅面尺寸：145 mm × 210 mm

印　　张：5

字　　数：100 千字

出版时间：2022 年 11 月第 1 版

印刷时间：2023 年 1 月第 1 次印刷

责任编辑：凌　敏

封面设计：优盛文化

版式设计：优盛文化

责任校对：卢山秀　刘　庶

书　　号：ISBN 978-7-5591-2762-4

定　　价：58.00 元

联系电话：024-23284363
邮购热线：024-23284502
E-mail：lingmin19@163.com

前　言

当前，随着经济社会和科学技术的发展，电力企业正处于快速发展的时期，电力行业的职工、实习人员，以及新招聘的员工越来越多，电力企业员工的专业素质和知识水平显著提高，在这种背景下，企业管理人员根据实际情况采取有效的管理方式以促进企业的安全生产水平显得尤为重要。

在保障安全生产的要素中，人的安全因素自始至终都是第一位的。而员工的安全意识和规范化操作技能对保障自身安全、电网安全运行有着重要的作用。

因此，电力企业管理人员需要对企业员工进行有效的安全管理，坚持"安全第一、预防为主、综合治理"的方针，采取新的管理方法和手段，以保障电力生产处于"可控、在控、能控"的安全状态。

本书对电力企业安全生产进行了探讨和研究。

第一章，主要对电力企业安全生产进行整体介绍，包括电力安全及电力安全生产、电力企业安全生产管理体系、电力企业安全生产规章制度、电力企业安全生产中的班组安全等内容，旨在帮助管理人员和读者全方位、多角度地了解电力企业安全生产的管理系统。

第二章，介绍了电力企业管理人员对电力企业安全的管理办法和方式，包括责任管理、目标管理、和谐管理等方式，站在管理者的角度帮助企业管理人员提高电力企业安全管理水平和质量。

第三章，分析了电力企业常见的安全技术，包括预防触电安全技术、机械作业安全技术、高处作业安全技术、带电作业安全技术等，旨在帮助管理人员和企业职工了解和掌握必备的安全生产技术，最大限度地保证职工生命安全和保障企业的经济效益。

第四章，介绍了电力企业安全事故的处理办法，包括安全事故的处理原则、程序和策略等，旨在帮助企业管理人员更好地应对安全事故。

第五章，介绍了电力企业安全生产的预防措施，包括电力安全生产的工作组织措施、电气安全工作技术措施、防火防爆基本措施，以及其他安全生产措施，旨在提前采取一定措施以防安全事故的发生，是电力企业人员进行安全管理的重点部分。

第六章，对现场伤员的紧急救治管理进行介绍，包括触电后的急救管理、心脏呼吸骤停伤员急救、作业者受伤后的急救管理，以及其他伤员的紧急救治措施，旨在帮助现场作业人员和管理人员及时救治伤者，最大限度地降低伤者的损伤，保障伤者的生命安全。

本书结构严谨，内容层层递进，语言深入浅出，系统地介绍了电力企业安全生产管理办法，希望对电力企业管理人员、电力企业作业人员有所帮助。由于笔者能力有限，难免存在不足之处，敬请广大读者批评指正！

目 录

第一章 电力企业安全生产概述

电力企业的生产必须坚持"安全第一、预防为主、综合治理"的方针，这不仅是电力安全生产、输送、使用的基本要求，同时也是国家和人民的客观要求。因此，电力企业要坚持上述方针，在确保安全的同时，实现电力企业的平稳发展。

本章主要介绍电力安全和电力安全生产的概念和意义，并针对电力安全生产，对其管理体系、规章制度、班组安全等进行剖析，旨在帮助读者对电力企业的安全生产有整体、全面的了解和掌握。

第一节 电力安全及电力安全生产

对于电力企业而言，安全生产是其核心和前提。安全生产是电力企业的生命，是电力企业员工及其家庭幸福的保障。因此，电力企业管理人员和职工应当高度重视安全生产，并在实际工作中做到防微杜渐，在保障职员生命安全的同时，提升电力企业的经济效益和社会效益。

一、电力安全的意义

电力安全不仅关系到电力系统自身的稳定性、效益性和发展性，同时也直接影响着广大电力用户的利益和安全，对维护国民经济健康、社会秩序的稳定、人们的日常生活有着重要的意义。

二、认识电力安全生产

电力安全生产是电力企业追求的目标和方向，对电力企业有着重要的作用和意义。

（一）电力安全生产的含义

电力安全生产指的是保证电力生产过程在符合安全的物质条件和秩序的前提下，采取的保障"发、送、变、配、用"电各个环节正常进行的措施和活动。

在电力企业中，安全生产是其改革和发展的重要保障和前提，没有安全生产就谈不上效益。安全生产中的安全主要有以下含义：

1.确保职员的人身安全

在电力生产、输送、配置和使用过程中，需要电力企业职员对相关设备进行操作。因此，电力企业首先要保障职员的人身安全，确保职员安全、健康地进行工作，杜绝人身伤亡事故的发生，以保证职工及其家庭的幸福。

2. 确保电力设备的安全

电力企业生产的产品是电，在这一过程中，电力生产设备起着关键的作用。如果电力设备发生损坏，不仅会对职员的人身安全造成威胁，同时也会影响电力的生产和输送。因此，电力企业需要确保电力设备的安全，以保证电力设备的正常运行。

3. 确保电网的安全

电力企业的最终目标是保障人民用电，为实现这一目标，电力企业应当确保电网的安全，这样才能顺利保障人民用电。因此，电力企业需要确保电网的安全，以避免电网瓦解或大面积停电。

（二）电力安全生产的范围和内容

1. 电力安全生产的范围

电力安全生产的范围包括 3 个部分：一是电力生产安全。

根据电力生产的环节可以将其分为发电安全、送电安全、配电安全、用电安全、变电安全和电网安全。二是电力基本建设安全。根据基建项目的性质可以将其分为火电建设施工安全、送变电建设施工安全、水电建设施工安全等。三是电力多种经营安全。根据经营项目的性质可以将其分为电力生产多种经营安全和非电力生产多种经营安全。

2.电力安全生产的内容

电力安全生产的内容主要包括以下几个方面：

（1）贯彻落实安全生产法规和相关法规。

（2）加强安全生产管理并执行安全生产规章制度。

（3）坚持安全检查并排除不安全的隐患。

（4）坚持对领导、职工和作业人员进行安全教育。

（5）不断改善和采取各种安全技术或装备等消除不安全因素。

（6）对职工伤亡，以及生产过程中的各类事故进行调查、统计和处理。

第二节　电力企业安全生产管理体系

在电力企业中，安全生产保障体系和安全生产监督体系组成了有机的整体（即安全生产管理体系），两个体系既可以相互协调配合，又可以独自发挥作用，保障着电力企业的安全生产。

一、电力企业安全生产保障体系

（一）安全生产保障体系的组成

在电力企业中，安全生产保障体系由以下六大保障系统组成，这六大系统全方位、多角度地保障着电力企业的生产工作（表1-1）。

表1-1 安全生产保障体系组成

组成名称	功能	作用
决策指挥保障系统	安全生产保障体系的核心	根据国家和上级安全生产的方针和法规等，制定电力企业安全质量方针和目标；健全安全生产责任机制，实现全员、全过程的安全生产闭环管理；健全三级安全监督网，并重视员工的安全教育，保障安全经费的投入等
规章制度保障系统	安全生产保障体系的根本	建立和完善电力企业的各项规章制度，以实现安全生产管理；要求从严考核，杜绝"有法不依、执法不严"，并认真执行"三不放过原则"，最终形成安全生产法制化、制度化的管理局面
安全技术保障系统	安全生产保障体系的重要组成部分	通过应用和推广新的技术手段和设备，以加强技术监督和技术管理；通过提高安全技术和生产技能，以改进和完善人员、设备的防护措施

续表

组成名称	功能	作　用
设备管理保障系统	安全生产保障体系的重要基础	有计划地对电网及其设备进行改造升级、提高设备完好率、加强设备缺陷和可靠性管理，以保证电力设备安全稳定运行，实现电网本质化安全管理目标
执行运作保障系统	安全生产保障体系的管理末端	加强班组建设，以健全安全管理机制，实现规范化、程序化、标准化的现场管理，同时强化安全纪律；开展组织安全技术、业务技能培训，以提高员工的工作质量和防护能力
思想政治工作和职工教育保障系统	实现安全生产管理的重要载体	开展对职工的安全思想教育、安全意识培养、安全文化建设等培训，以帮助职工养成安全生产的习惯和理念，做到"我会安全"的终极安全目标

（二）安全生产保障体系的要素

在电力企业的安全保障体系中，包含 3 个基本的要素，即人、设备和管理方法。

1. 人

在电力企业中，所有的生产活动都是由人的行为去完成的，因此人是生产活动中的主体因素和承载体。要想实现安全生产的管理目标就必须抓好人的管理，需要对职工进行有效管理。

2.设备

电力设备的先进性和运行水平的高低直接决定着生产的效率和质量，是电力企业安全生产的物质基础。

如果仅仅对职工进行规范管理而忽视对设备的管理，电力安全生产就会出问题。

3.管理方法

管理方法是指规范职员行为、确保人和设备之间协调运作的必要手段，其决定着电力生产的效果和质量，使用不同的管理方法会得到不同的效果。如果采用科学合理的管理方法，则可以在有效保障安全生产的基础上，做到"人尽其用、物尽其用"。如果采取不恰当的管理方法，则有可能对电力企业的安全生产造成破坏。

二、电力企业安全生产监督体系

在实际工作中，电力企业安全生产监督体系主要用来监督相关的生产活动。

（一）安全生产监督体系的构成和功能

目前，电力企业安全监督体系通常是由安全监督部门、车间安全员和班组安全员组成的三级安全监督网络，具有两方面的职能：一是安全监督的职能，即运用行政上赋予的职权对电力建设和生产过程中的人身安全、设备安全进行监督，具有权威性、强制性和公正性；二是安全管理的职能，即协助电力企业领导做好安全管理工作，并开展各项安全活动等。

对于电力企业安全监督部门来说，其工作的首要重点应当放在安全管理方面，现场监督为次要工作（采用不定期抽查进行监督）；对于电力企业的车间安全员来说，其工作的重点应当放在监督工作量较大的基建、改造等工程方面，其他工程可以采取不定期抽查方式进行监督；对于电力企业班组安全员来说，其工作的重点应当放在现场监督方面。

（二）安全监督人员的工作方法

要想充分发挥安全生产监督体系的作用，工作人员就应当采用科学合理的工作方法，主要应注意以下几点：

第一，安全监督人员必须掌握设备运行、电网运行等专业知识。在电力企业中，安全问题存在于生产活动的方方面面，任何一个错误的操作、命令和作业，都可能会导致安全事故和电网的崩溃。因此，安全监督人员需要对专业知识有所了解，并掌握作业人员的工作特点，成为电力生产的专家和行家，这样才能更好地监督电力企业的安全生产过程。

第二，安全监督部门需要制定管理规划和目标，包括电力企业员工的安全培训、建立安全生产激励机制、安全文化等，通过这些措施和机制，由浅入深、分阶段地提高员工的专业技能和安全知识。同时，安全监督部门需要从大量的安全管理实践中找到规律性的内容并将其上升到理性认识，以形成规章制度等，使得安全管理更加制度化和规范化。

第三，安全监督部门需要制定员工奖惩制度。安全监督工作直接涉及对员工的管理，仅采用处罚的手段进行管理并不能使得员工从思想上认同安全管理。因此，可以将安全生产思想和奖惩制度相结合，实现规范化和制度化。例如，对于有一般性违章行为的员工可以根据工种和生产环境等判别，灵活采用说服教育的方法进行处理，对于有严重违章和习惯性违章行为的员工则采取较为严厉的处罚等，对于那些在安全生产方面有重要贡献的员工，则进行大力表彰和宣传。

第四，安全监督部门应当和其他部门主动沟通。安全监督部门应当主动和电力企业的各个部门及时进行沟通，并通报上级安全管理的要求、安全管理工作的重点等情况，积极争取有关部门的意见。尤其是在事故调查和处理中，安全监督部门应充分听取事故单位的意见。

第三节　电力企业安全生产规章制度

为保障电力生产的安全运行，我国电力行业及其主管部门制定了一系列安全规章制度，这些制度是保证电力企业安全稳定生产的法宝，电力企业在实际工作中要认真遵守。

一、电力安全工作规程

电力企业为保障安全稳定生产，应遵守以下几种最基本的规章制度：《中华人民共和国安全生产法》《中华人民共和国电力法》《电力安全生产监督管理办法》《电力安全生产管理制度》《国家电网公司电力安全工作规程》《国家电网公司电力建设起重机械安全监督管理办法》《电力建设安全生产监督管理办法》《防止电力生产重大事故的二十五项重点要求》《电业生产事故调查规程》。

国家电力监管委员会（简称"电监会"）是由政府综合管理的、依法监督管理电力企业的机构，其监管对象是电力企业，主要具有以下职责：组织制定电力安全生产监督管理规章制度和标准；组织开展电力安全生产标准化达标工作和安全性评价工作，并对其安全生产状况进行评价和分析；组织开展电力安全生产监督和检查工作；负责统计和发布电力安全情况；组织开展电力安全培训；组织开展电力应急管理工作；组织开展电力安全新技术、新设备的推广和应用工作；表彰在电力安全生产中做出贡献的人员，并处罚违法、违规的单位和人员等。

电监会需要对以下范围内的电力安全生产工作进行监督和管理：在电力生产和电力建设过程中员工的人身安全；发电设备设施和输变配电设施运行安全；电力系统运行安全；以发电为主、装机容量 50 MW 以上的水电站大坝运行安全。

总之，电力企业需要遵从上述安全工作管理规程，并受到电监会的管理和监督，电力企业管理人员及其工作人员必须了解上述安全生产的规章制度，以更好地照章办事，维护电力企业安全稳定运行。

二、电力企业安全生产责任制

根据国家电网的相关规定，所有入职电力企业的部门领导和职员必须向上一级部门承诺并签订电力企业安全生产责任制相关文件，明确其安全生产职责，下面以班组长和生产岗位员工为例进行介绍。

（一）班组长的安全职责

在班组安全生产责任制中，班组长是本班组安全的第一责任人，需要对本班组成员的安全和健康负责、对所管辖设备的安全运行负责，因此应该严格执行"安全第一，预防为主"的方针，其安全职责主要包括以下几种：

（1）根据班组控制异常和未遂、职工个人无违章、岗位无隐患的要求，科学组织制定班组年度安全生产目标，并将编制的实施计划和方式分解到每个班组成员身上，同时，每个月对成员进行检查和考核。

（2）带领本班组人员认真贯彻安全规程和制度，在自己遵守安全规章和制度的情况下，指导和督促班组成员认真执行规定，及时制止违纪行为。

（3）主持召开班前、班后会议以有效掌握班组成员的思想动态和技术能力，认真贯彻安全生产"五同时"（同时计划、同时布置、同时检查、同时总结、同时考核），认真组织安全生产活动，包括每项工作任务的"两交"（交工作任务、交安全措施）等工作。

（4）每周组织一次班组安全日活动，并分析过往一周的安全情况，学习事故通报以吸取教训。同时，每月组织班组成员对设备、系统和施工程序进行检查和检测，做到及时发现问题和异常。

（5）组织班组成员每天进行设备巡回检查并检查现场施工、工器具、劳动防护用品等，如果发现重大缺陷和事故隐患应及时汇报。

（6）督促班组技术人员和工作负责人做好倒闸操作、检修、试验等工作的技术交底和安全措施交底，做好相关记录工作。

（7）做好岗位安全技术培训、新入厂职员和工人的三级安全教育，以及班组成员的安全思想教育，并每年组织班组人员进行现场急救培训。

（8）组织班组成员参与安全竞赛活动，落实企业下达的各项安全措施。

（9）做好保管、使用和管理安全器具工作，并定期进行试验、检查和更换，做到专人负责。

（二）生产岗位员工安全职责

对于生产岗位员工来说，其活跃在生产第一线，更加需要遵守安全职责和规程，这样才能更好地保障自身安全，其安全职责具体包括以下几个方面，如图 1-1 所示。

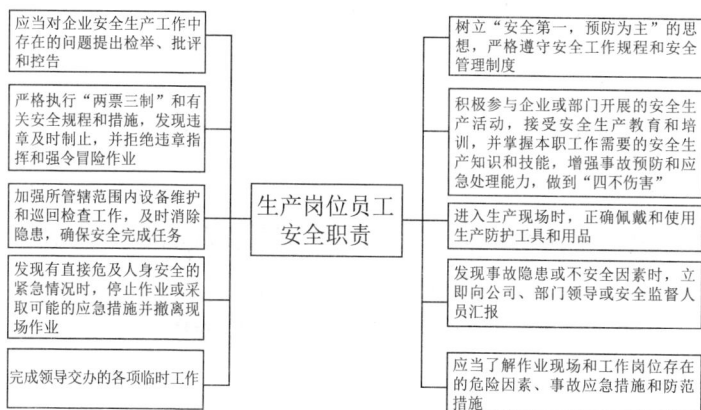

图 1-1　生产岗位员工安全职责

总之，电力企业安全生产责任制可以有效保证电力企业的安全生产，其将责任明确落实到企业中的每个成员身上，这样每个成员仅需要负责好自己的安全责任，即可有效保障安全生产。

三、职工作息和考勤制度

国内各个电力企业以及下属单位，根据自身的工作性质和人员分布的不同，为提高工作效率和维护工作秩序，均制定了各自的职工休息和考勤制度。其中，根据员工工作岗位的不同，其工作时间和考勤制度条款有所不同，具有一定的灵活性，但整体来说大同小异。

需要注意的是，电力企业在制定职工休息和考勤制度时，要符合《中华人民共和国劳动法》和国家有关规定，严格按照法规进行制定，以保障职工的合法权益。

第四节　电力企业生产中的班组安全

在电力企业中，车间班组是最基层的组织和作业单位，是电力企业的重要组成部分。同时，车间班组是电力企业员工从事生产活动、参与管理的主要场所，连接着电力企业和员工，肩负着培育职工、激励人才的重任。

在电力企业安全生产活动中，车间班组起着重要的作用，主要体现在以下几个方面：第一，车间班组是电力企业安全生产的基础，这主要体现在车间班组是各项安全生产规章制度的执行层，是贯彻和实施各项安全措施的主体；第二，车间班组是事故发生的关键点，数据表明98%的事故发生在生产车间班组，其中80%以上直接和车间班组人员相关；第三，车间班组是电力企业安全生产之本，是企业安全生产的前沿阵地，企业的各项工作需要在车间班组进行落实。

因此，电力企业管理人员必须重视车间班组的生产安全。

一、车间班组管理的特点

在电力企业管理方面，车间班组具有结构小、管理全、群众性、任务实、工作细5个特点。

（1）结构小。车间班组是电力企业经济管理活动的最小组织，同时也是电力企业的最基层单位。

（2）管理全。电力企业管理的落脚点是车间班组，在安全、生产、工艺、质量、劳动纪律等方面的内容最终均要落实到车间班组中，同时需要车间班组最终进行实施和落实。

（3）群众性。车间班组管理工作具有很强的群众性，是电力企业员工的小家，需要车间班组负责人紧密团结大家，需要集中大家的智慧和力量共同建设。

（4）任务实。车间班组是电力企业安全生产的第一线，生产产品需要车间班组，即企业的经济效益需要车间班组来实现，需要车间班组人员一丝不苟地完成任务，企业所有的工作内容最终都会落实到车间班组。

因此，电力企业工作需要车间班组人员踏踏实实、注重安全和协作，依靠全车间班组的力量来完成。

（5）工作细。对车间班组而言，其虽然是电力企业系统中很小的局部，却不可或缺。如果一个车间班组无法完成任务，就会影响到整个电力企业生产工作的任务，因此车间班组人员的工作要非常细致和严格，要将每一件事处理周全。

细节决定成败，只有车间班组人员的工作非常具体和仔细，才能保障电力企业安全生产，进而最大限度地保障员工的安全。

二、电力企业车间班组安全责任制

对于电力企业而言，其安全生产涉及因素较多、层次较多，但车间班组无疑是企业安全生产管理的落脚点。因此，企业各级领导要重视车间班组安全建设，加大对其的管理力度，通过各种管理和监督的手段增强车间班组安全生产的质量，从源头上提高事故预防的标准和能力，可以采用班组安全责任制进行管理。

（一）安全生产责任制的含义

安全生产责任制是将电力企业安全工作落实到每个岗位的基本途径，是组成电力企业岗位责任制和经济责任制的重要成分。

班组安全责任制是落实整个电力企业安全责任的关键，其明确规定着班组成员的具体任务、权利和责任，是一个严密高效的安全管理责任系统，可以做到安全工作事事有人管、办事有标准、工作有检查，职责明确、功过分明。

其中，安全生产目标是落实安全责任制的前提，只有明确班组安全生产目标，才能确保企业安全生产的总体目标。

通常来说，班组安全目标是依据企业的总目标，经过车间、工区段合理进行层层分解，最后确定并落实到每个班组及其成员的日常工作之中的。因此，在制定和分解安全生产目标时，需要同时将责、权、利进行分解，做到目标与责、权、利同时分解和确定，即班组负责人需要按照目标管理的方式对班组进行管理，制定科学明确的班组目标，并采取切实可行的措施。

对于车间班组年度安全目标项目来说，主要包括以下几个方面：各类工伤事故指标（包括千人重伤率、千人死亡率、伤害频率、伤害严重率）；工伤事故造成的经济损失指标，包括千人经济损失率、百万元产值经济损失率等；日常安全管理工作指标，包括安全管理组织机构、安全生产规章制度、安全教育和检查等各个方面；扬尘、噪声、毒等职业危害作业点合格率。

（二）班组岗位安全的职责

贯彻履行班组岗位安全的职责是实现安全责任制的基本保证，班组长和生产岗位员工有各自的安全职责，其贯彻安全生产岗位职责的环节如下：

1. 提高认识

车间班组负责人及其员工应提高对安全生产的认识水平，在生产过程中要高度重视安全，认真实行安全生产责任制。

2. 严格执行

车间班组负责人及其员工都要严格执行生产责任制的规章制度和相关要求，以保证生产安全。

3. 及时检查

车间班组负责人及其安全职能人员应当经常或定期检查安

全生产责任制的贯彻执行情况，以便及时发现和解决问题。

4. 认真监督

在制定安全生产责任制时，企业应当积极鼓励群众参与并广泛听取群众意见，认真对安全生产进行监督。

5. 加强考核

车间班组应当制定安全生产责任制和经济责任制的考核办法，以加强对班组安全生产的管理和考核，实施全面的责、权、利考核。

三、车间班组安全"两票三制"

"两票三制"是电力安全生产保证体系中最基本的制度，是在电力生产实践中总结出的宝贵经验，不仅是追查人为责任事故的依据，同时其明确着各级人员的安全职责，规范着作业人员的行为，可以帮助各级人员认真执行作业前技术和安全交底，以落实作业过程中的各项安全措施，最终有效防范各类安全事故的发生。

（一）两票的含义

两票是指工作票和操作票，前者是指批准员工在电气设备上工作的凭证，是作业人员工作许可、工作间断、转移，以及终结手续的书面依据，包括各类工作票和事故应急抢修单；后者是指操作人员将电力设备由一种状态转换到另一种状态的书面依据，包括综合操作命令票、电气操作票和逐项操作命令票3类。

1. 工作票的内容和使用过程

工作票的内容主要包括工作票编号、工作小组成员、工作负责人、工作地点和工作内容、停电范围、计划工作时间、工作终结时间、工作票签发人、工作许可人、安全措施等。其中，工作票签发人、工作许可人、工作负责人必须符合《安全生产工作规定》中的基本要求，并需要对其进行考核审查。

工作票的使用过程通常包括5个环节，即工作票的填写、工作票的签发、工作票的办理、工作票的其他要求，以及工作使用后的评价。在工作票使用的各个环节中，应当严格按照相关规定进行规范性填写和使用。

2. 操作票的内容和使用过程

操作票中的操作步骤具体规定着电气设备转换过程中操作的先后顺序和注意安全事项，是实现电气设备安全操作的基本要求，能够起到防止运行人员发生错误操作的作用。

（1）操作票的内容。在国家《电力安全工作规程》中硬性明确规定："除了事故的应急处理、拉合断路器的单一操作外的倒闸操作，均应当使用操作票。"由此可见，操作票在电力安全生产中的作用。

操作票的内容包括操作票的编号、检查项目、操作步骤的顺序、执行情况的登陆，以及操作票的废止等。

（2）操作票的使用过程。操作票的使用过程包括3个环节，即操作票的填写、操作票的执行、操作票的评价。其中，操作票的注意事项、项目、项目术语、检查项目、操作步骤的顺序、执行情况的登陆，以及操作票的废止等事项，各个企业、各个岗位工种会有所不同，员工可以根据所在班组的安全生产管理规程中的规定进行填写，且必须按照规定执行。

各个岗位值班负责人需要在交班前对本岗位所履行的操作票和工作票进行检查，而班组负责人和班组安全员则需要每个周末检查、整理本班组的操作票和工作票，然后各个部门安全员对班组的工作票和操作票进行考核（主要统计其合格率）并上报安全监察部门，最后由各个单位安全部门对其进行抽查和考核。

（二）三制的含义

三制是指交接班制、巡回检查制和设备定期试验轮换制，三制可以有效提高电力企业安全生产水平。

1. 交接班制

（1）交接班制的要求。交接班制是保证生产调度和变电运行部门各岗位连续不间断、安全可靠运行的基本条件，其可以保证电网和设备不受人员变动因素的影响。

交接班制要求接班人员在接班后立即正常开展运行工作，同时在接班时要了解必要的记录查阅和设备巡检知识，以便接班者可以了解休班期间的各种情况。在进行交接班工作时，双方需要严格按照相关规定执行，要依照顺序对交接内容进行全面准确的交接，包括运行方式、发生的异常和设备缺陷、领导和调度命令等，并细致填写交接班记录。

（2）交接班制的内容。在交接班时，交接双方必须交接的内容和重点检查的内容见表1-2。

表1-2　交接班制交接的内容和重点检查的内容

双方必须交接的内容	接班人员重点检查的内容
接班人员从上次下班到本次接班期间的岗位工作情况	查阅上次下班到本次接班的值班记录并核对运行方式的变化情况
本岗位管辖范围内的电力设备运行情况（包括是否异常、是否有缺陷、事故处理情况等）	掌握管辖范围内的缺陷和异常情况
电气操作执行情况和尚未完成的操作任务	核对接地线编号和装设地点
值班人员收到的许可、终结工作票情况	检查通信系统、计算机系统、监控系统是否运行良好

双方必须交接的内容	接班人员重点检查的内容
上级相关通知、工作任务和指令等情况	核对监控机上的遥测数据、接线图、信号等情况
使用中的接地线和装设情况	了解各类收文、通知的登记情况
管辖范围内继电保护、自动装置动作、电量核算和电能表运行情况	检查通信工具、随车工具、车辆等状态
图纸、技术资料的使用和变动情况，以及表和钥匙的使用情况	检查钥匙的使用和保管情况，并检查办公区域的卫生情况
微机闭锁系统、PMS 系统、集控系统等工作情况，以及各种工具、防护用品的情况等	检查各个系统的运行情况和状态运行是否良好

如果在交接班时发生事故，应立即停止交接班，由交班人员处理，接班人员则在交班值班长的指挥下进行协助。

2. 巡回检查制

巡回检查制要求值班人员对运行和备用设备，以及周围环境按照相关规定进行定时、定点、定路线巡回进行检查，以确保可以及时发现缺陷并通知检修人员进行处理，是保证电网和设备安全运行的重要环节。

（1）巡回检查制的程序和内容。首先，车间班组需要预先编制好巡视标准化作业书，并对值班方式、巡视实践、次数、内容等做出明确规定，然后值班人员按照规定认真巡视检查设备，以及时发现异常和缺陷，必要时向上级汇报，以减少事故的发生。

其次，正常巡视的内容需要根据电力企业的运行规程灵活制定，包括对设备进行全面的外部检查、检查设备的薄弱环节、检查接地网和引线等。

（2）巡回检查制的其他情况。当遇到大风、雷雨、冰雪等极端天气时，电力企业巡回组应当进行特殊巡视或增加巡回次数和范围，并按照相关规定检查电网和设备是否出现异常。

其中，在进行周期性巡回检查时，应当根据实际情况制定科学合理的巡回检查路线；值班人员应携带必要的维护工具和检查工具，如测温仪、望远镜等；当进行特殊巡回检查时，需要重点检查设备的接头、限流原件等；对高压设备进行巡回检查时禁止进行其他工作，禁止移开或越过遮拦。

3. 设备定期试验轮换制

设备定期试验轮换制是指发电车间或变电站定期对在用设备或备用设备、消防设施、事故照明进行试验和切换使用，以防设备因各种因素无法正常运行，是检验设备运行或备用状态是否良好的重要措施。

（1）设备定期试验轮换制要求。变电站和发电车间内的设备不仅需要专业人员按照周期进行专业试验，运行人员亦需要按照要求对其进行测试和试验，其要求如下：对备用设备进行顶底投运、轮换运行；部门分管领导、专业工程师应该到现场指导；对系统运行有较大影响的测试工作，应当在低负荷时进行，并做好应对故障的预案；如果发现问题应立即停止操作并马上恢复原方式运行，找到对策后方可继续；切换和试验的结果应当记录在专用的记录簿内并填写设备缺陷单；如果不能进行试验轮换制度，应当向部门分管主任申请；车间调度管理设备的定期切换应当由调度指挥，运行人员进行操作。

（2）设备定期轮换制的制度：第一，值班人员需要每日测试发电车间和变电站内的中央信号系统，包括事故音响、光字牌等是否正常运行，并试验集控站监控系统的音响警报。

第二，值班人员应当按照相关规定每天测试高频通道的对试工作。

第三，值班人员需要每月试验检查变电站的事故照明系统和蓄电池组，每半年检查一次直流系统中的备用充电机。

第四，在进入夏季之前，值班人员需要试验变压器的冷却装置。在其他季节，主要检查电气设备的取暖、驱潮电热装置。

第五，每个月的月初，值班人员对长期不运行的通风装置进行试验。

第六，每月对发电车间和变电站内的冗余电流动作保护器进行测试，并测试长期不操作的短路器。

第二章 电力企业安全生产管理

安全实际上是指一种可以控制的状态，世界上并不存在绝对安全的状态。安全的对立面是风险，其随时随地都存在着，如果对风险缺乏足够的认识，就会将风险转化为隐患，最终造成安全事故。

本章主要介绍电力企业安全管理的含义，并对电力企业安全生产中的责任管理、目标管理，以及和谐管理展开具体的阐述，旨在帮助电力企业管理人员更好地管理电力企业，实现电力企业的安全生产。

第一节 电力企业安全生产管理含义

安全生产不仅涉及企业职工的生命安全，同时关乎企业的生存和发展，如果管理者对安全生产和管理存在一定的误区、疏于对安全生产的管理，则有可能造成难以挽回的后果。

安全管理在企业管理中占有重要的地位和价值，从某种程度上来说，安全生产管理的成败决定着企业的生存和发展。

一、安全管理的概念和基本任务

安全管理的原理是现代企业安全科学管理的基础、纲领和战略，是企业管理的重要内容，其指导着管理人员降低企业安全生产的风险，是企业安全生产中不可或缺的核心。

（一）安全管理的概念

安全管理学从安全问题的诱发因素出发，运用管理学的知识和理论进行安全生产管理，通过科学有效的管理方法和管理机制遏制安全事故的发生，是一门将安全和管理学结合起来的新兴学科，可以达到防患于未然的效果和目标。

安全管理是国家或企事业单位安全部门的基本职能，其运用教育、法律、行政、经济，以及科学技术等手段协调安全生产和社会经济发展的关系，使得社会经济发展不仅可以满足人们物质和文化生活的需要，同时可以满足社会和个人在安全方面的需求，是处理国民经济部门、社会团体和个人安全问题之间相互关系的核心。

（二）安全管理的基本任务和对象

1. 电力企业安全管理的基本任务

安全管理的基本任务是预测、分析和消除人类活动中各个领域里存在的危险和有害因素，保障职工的人身安全和身心安全，避免设备和财产的损失，为提高生产活动的经济效益和社会效益服务。

同样，在电力企业中，安全生产管理的基本任务是预测、分析和消除电力领域中存在的危险和有害因素，保障职工在电力生产活动中不会受到伤害和职业病的危害，最大限度地保障职工的身心安全，同时保障电力生产活动的顺利进行。

2. 电力企业安全管理的对象

首先，人是电力企业生产和管理的主体，安生生产依靠的是职工，安全管理保护的对象也是职工。由此可以看出，安全管理的首要对象就是职工，电力企业需要在生产过程中保证职工的安全和健康。因此，电力企业的安全总指挥是安全的第一责任人，应当做到"行政管安全、技术保安全、部门促安全"，电力企业中的各个部门齐抓共管，以做到安全生产。

其次，设备是电力企业安全管理的主要对象，在保证职工安全和健康方面有着重要的作用，其不仅是安全管理的基础，同时是生产和安全管理促进的媒体，主要包括防护设施、电气设施、大中小型机械等。其中，电力企业对这些电气设备的管理应当做到行政牵头、安全部门检查督促、技术部门把关，这样才能更好地实现安全管理的目标。

最后，电力生产环境和场所是安全管理的另一对象，其对电力安全生产有着重要的影响，是安全管理的外部条件。其中，环境是指物候条件、地下，以及周围的环境等，包括电力生产过程中的易爆炸物、有害物的情况，还包括建筑产生的尘埃、噪声等情况；场所是指电力生产的位置选择和周围设施，应当保持电力生产场所的整洁和有序。电力企业对环境和场所的管理，应当由安全部门负责管理，而横向部门加以配合，这样才能做到防患于未然。对于施工现场来说，则需要有专人进行管理和负责，并提前做好专项安全技术交底、向上级部门上报备案，这样才能保证电力安全生产目标的实现。

二、安全管理的内容和特点

企业安全生产管理不仅是社会发展的需要，还是企业管理改革的重要组成部分，是管理组织、管理体制、管理方法和管理手段的全方面变革，其内容和特点如下：

（一）安全管理的内容

根据安全管理的概念可知，安全管理的内容涉及生产活动的方方面面，主要包括以下内容：

①规划和可行性研究；②设计；③工艺和装备；④控制和操作；⑤教育和人员；⑥环境和规范；⑦标准和法律。

安全管理的因素涉及生产活动的所有环节，包括各种化学物质、能量、材料，以及物理因素，其范围涉及国家的各个部门和各种产业。

（二）安全管理的特点

安全管理具有综合性、广泛性、连续性和科学性等特点，这些特点决定着安全管理的重要性，如图 2-1 所示。

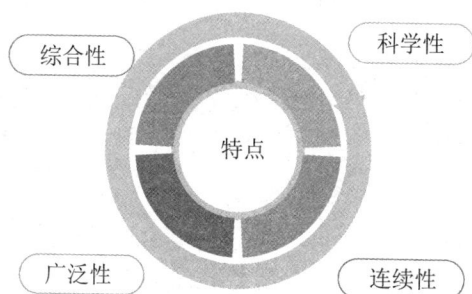

图 2-1　安全管理的特点

（1）综合性。是指安全管理并不是单一对某一对象进行管理，而是对职工、设备、环境等对象的综合管理。

（2）广泛性。是指安全状况和事故的发生往往会受到介质特性、控制手段，以及装备条件等因素的影响，因此具有广泛性。

（3）连续性。是指安全管理涉及生产活动的各个环节、各种时空状态，往往"牵一发而动全身"，并不是孤立存在的，因此具有连续性。

（4）科学性。是指安全管理中的生产科研活动环节、社会经济活动具有严谨的科学性，这是对电力安全生产进行管理的基础和保障，一旦失去科学性，安全管理的效果将大打折扣。

目前，我国安全管理是由政府统一领导的，由相关部门依法监督、群众参与监督、企业全面负责、社会广泛支持的，拥有深厚的法律法规基础和群众基础。

第二节　电力企业安全生产责任管理

责任是指承担应当承担的任务、做好应当做好的工作、完成应当完成的使命，是指分内应做的事情。责任影响着组织整体功能的发挥和整体的协调性。

对电力企业管理人员来说，其必须具有责任和责任管理意识，具体到安全生产领域，就是要保证工作的质量和速度，尽量减少甚至不付出安全代价，为投入工作的作业人员创造良好的安全条件，这样才能真正实现电力企业安全生产，才能有效保障企业职工的生命安全，并保障人民的用电需求。

一、安全生产责任管理中的两种现象

在安全生产领域中，责任就是做好现在进行的工作，在保证工作质量和速度的前提下，不付出或少付出安全代价。对企业管理人员来说，应当加上高一层次的责任内容，应当建立并保证安全责任体系的有序运转。

在现实生活中，存在"责任扩散"和"责任上移"两种现象，这对电力企业职能的发挥有着负面的影响和作用，因此需要对其给予足够的重视和管理。

（一）责任扩散的含义

所谓责任扩散是指当群体一起做事情却没有明确的个人责任时，某些人会在一定程度上失去个人责任感。一旦事情发生变动需要有人负责时，这些人会认为其他人应该分担自己的责任，即使他是在单独工作。

美国著名心理学家比布·拉塔内和约翰·达利曾经做过一项试验，他们将一大批学生放在一起填写问卷，当烟雾从通风口进入房间时，如果事先安排好的"其他人"视而不见，90%的大学生都会效仿"其他人"，然而当试验对象单独坐在房间时，几乎每个人都会报告紧急情况。

上述试验表明，其他人的无动于衷会让个人低估自身安全受到的威胁，即使身处危险之中，仍旧会保持推卸责任的本性，这正是责任扩散的心理。

无独有偶，20世纪60年代，一名女子在返回居住的城区时，一个男子突然从门里冲出来对其拳打脚踢，事情发生时现场有32名目击者却没有一个人站出来帮忙，第一个承认自己对事情负有责任的是报警的邻居。针对这一事件，心理学家比布·拉塔内和约翰·达利认为，如果极端事件的围观者众多，目击者往往倾向于无作为，没有任何人会感到自己对事件负有唯一的责任，而是希望别人首先站出来，人们都在观察他人的举动。

在实际的安全管理中，责任扩散的问题时常出现，但很多电力企业管理人员并没有注意到。例如，很多管理人员时常会说"这件事情我已经给他们讲清楚了，可是他们还是出事故了""这些事项和要求已经在上次会议中明确交代过"等，这些现象可能是在职员之中出现责任扩散而造成的。

当有个必须解决的问题而很多人都可以处理时，这个问题反而会耗费很长的时间才能解决，而面对一个责任体时，反而可以更加快速地得到解决，这是因为责任对象十分明确。在企业安全管理实践中，安全责任难以落实是因为企业管理人员在实施安全责任管理过程中并未注意到责任扩散的现象。

总之，责任扩散是一种不负责任的表现，对发挥组织的职能和作用有着负面的影响，企业管理人员要意识到这一点，并采取相关的措施或方法以防责任扩散，要通过明确个人责任进而更好地建立和落实企业安全责任体系。

（二）责任上移的含义

在责任上移现象中，即使企业管理层在客观上加强了安全生产管理（如加强对基层的安全管理），但在实际执行时却造成基层的管理责任上移，其基层管理人员放弃自身应当承担的责任，而过度听从上级管理者的安排，这是下级责任向上级推移的结果。

例如，2000年某电力企业的下级单位接连发生重大的事故，经过分析调查发现，其背后的原因是各级管理人员责任心不强、整改措施不到位、调查处理事故不彻底，为减少和杜绝这种现象，该电力企业的领导则要求基层单位将每天发生的不安全事件及时进行汇报（2～6小时内），并由电力企业人员安排专业人员进行初步调查。因此，下属单位的不安全事件源源不断地汇总到了企业总部，使得企业总部和领导应接不暇，而与此同时，基层各个单位则忙于汇报、等待上级的指示、准备接受处罚等，导致企业的事故发生率比往年平均值提高了30%左右。

在上述安全管理实践中，存在明显的责任上移现象，即只要上一级组织收回下级组织工作责任，下级就会自动地推动责任上移，而上级要是放弃应履行的权利和责任，下级就会乱用权利。无论是哪种情况，都会出现责任上移的问题，这是因为企业的责任层次没有分清楚。

因此，在安全管理实践中，企业管理人员为防止出现责任上移的问题，应当明确划分各级管理人员的责任层次，以更好地建立责任安全体系。

二、构建责任管理体系的具体措施

为更好地避免责任扩散和责任上移现象的出现，电力企业管理人员应当采取一定的措施，以明确各级管理人员的责任，构建责任安全体系，保证电力企业平稳有序运转。

（一）建立递进责任链

为有效明确生产安全的责任主体，电力企业应当按照组织结构和工作流程，构建一种有机的递进责任链[①]，即在高层管理

---

① 刘福潮，解建仓，罗军刚.电力企业安全管理技术与实践[M].西安：陕西科学技术出版社,2009：48-49.

方向上移动责任递增，在底层管理方向上移动责任将其变得越来越具体，这样才能"双管齐下"，围绕安全生产建立全方位、多角度的责任安全体系。

在每条责任链的节点需要建立责任主体，每个节点向上追索可以形成责任链条，向下追索则可以找到众多节点形成的责任网，如图 2-2 所示。

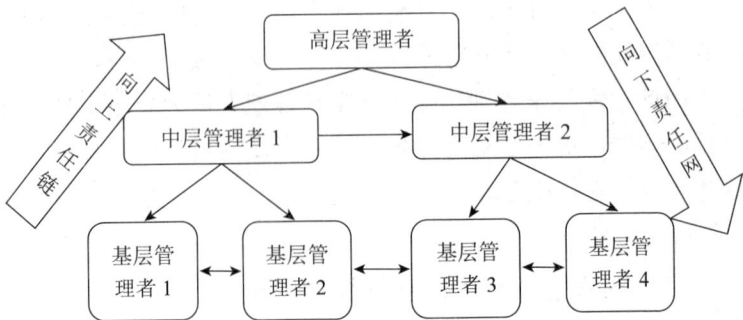

图 2-2　组织递进责任链

注：方框中的管理者承担着节点的功能，承担着落实上级细化了的责任，并对下级工作质量和执行情况负责。

为更好地构建地基责任链，在设计组织流程时，电力企业需要明确每一个"节点"的职权和责任，并明确各个责任节点之间连接部分的责任，否则就容易发生职责不清的情况。例如，在实际安全管理工作中，电力企业往往会忽视连接部分的责任归属，这会导致"节点"上方认为对方应当负有连接部分的责任，最终使得责任安全体系不够完善。

因此，在电力企业内部应当建立"工作上级"的原则。所谓"上级"是指工作需要配合的"请求者"，即任何部门发起工作请求时，这时这个部门的管理者将会成为"工作上级"，这样有利于推动工作的进行，可以消除连接部分的责任死区。

（二）合理进行安全责任分配

在电力企业的安全生产管理之中，每个层级的部门和机构都有各自的工作内容，根据责任性质和内容的不同，可以明确各自的责任范围。

但在实际工作中，责任范围比较容易进行划分，但责任的大小却无法有效确定，如果责任大小的划定不够科学合理，则有可能影响各级管理人员的工作积极性，甚至可能出现互相推诿的问题。

因此，电力企业管理层应当制定科学合理的安全责任分配办法，以更好地确定不同部门承担安全生产责任的大小，具体可以采取以下方法：

1.明确安全生产的指标和其比重

和公司的目标不同，安全生产的指标应当具体而细致，不能将公司的目标作为具体岗位的指标。例如，伤亡率控制在一定范围之内属于公司级的目标，不能将其作为部门的具体指标。

对电力企业来说，设备健康水平、人员素质、环境条件、安全管理水平这四大类指标反映着电网安全水平，其权重分别为 0.2445、0.2550、0.1470、0.3535，因此可以将这四大指标加以细化作为具体岗位的安全指标。[1]

（1）设备健康水平。在电力企业中，电力设备的类型多样，包括断路器、变压器、输电线路、继电保护、电网结构、辅助设备，以及高新技术，有关的安全管理部门和基层单位可以将这些作为安全指标并赋予不同的权重，最后将其划分到具体的班组并落实到各个岗位上，见表2-1。

表2-1　设备健康水平指标分配

高层安全指标	权重	中层安全指标	权重	部门承担的责任
设备健康水平	0.2445	断路器	0.142	管理控制 1.5 直接责任 1.4 直接配合 1.2 间接配合 1.0
		变压器	0.190	
		输电线路	0.142	
		继电保护	0.119	
		电网结构	0.214	
		辅助设备	0.050	
		高新技术	0.143	

（2）人员素质。在电力企业之中，人员是电力生产的主体和核心，可以将人员素质作为安全指标的标准之一，包括人员配置、人员使用水平、人员培训、员工保持性、灌浆岗位业务

---

[1]　刘福潮，解建仓，罗军刚.电力企业安全管理技术与实践[M].西安：陕西科学技术出版社，2009：49-54.

骨干成长等因素，然后将这些因素按照不同的权重划分到具体部门之中，见表2-2。

表2-2 人员素质指标分配

高层安全指标	权重	中层安全指标	权重	部门承担的责任
人员素质	0.2550	人员配置	0.258	管理控制 1.5 直接责任 1.4 直接配合 1.2 间接配合 1.0
		人员使用水平	0.210	
		人员培训	0.240	
		保持性	0.138	
		关键岗位业务骨干	0.154	

（3）环境条件。环境是指设备运行的环境和电力企业人员的工作环境，前者并不受人力的控制，后者却可以人为改变，因此可以将变压器事故率、继电保护事故率作为具体部门的安全指标，见表2-3。

表 2-3　环境条件指标分配

高层安全指标	权重	中层安全指标	权重	部门承担的责任
环境条件	0.1470	断路器事故率	0.184	管理控制 1.5 直接责任 1.4 直接配合 1.2 间接配合 1.0
		变压器事故率	0.158	
		输电线路事故率	0.552	
		继电保护事故率	0.053	
		电网结构事故率	0.053	

（4）安全管理水平。安全管理的水平可以通过 8 个指标来反映，见表 2-4。电力企业管理人员可以将这些指标按照科学合理的比重具体分配到岗位部门。

表 2-4　安全管理水平指标分配

高层安全指标	权重	中层安全指标	权重	部门承担的责任
安全管理水平	0.3535	服务	0.15	管理控制 1.5 直接责任 1.4 直接配合 1.2 间接配合 1.0
		执业水平	0.138	
		计划	0.129	
		相互协调	0.126	
		管理创新	0.117	
		配合	0.114	
		组织	0.113	
		控制	0.113	

2. 明确各个部门的责任大小

当电力企业管理层明确相关的安全指标，并按照一定的权重对安全指标赋值之后，则可以计算出每个部门承担的安全指标的数值，进而按照数值划分各个部门的责任大小。

在明确各个部门安全指标的权重时，可以直接采用相关文献的结论，利用这一科学合理的数值，将各个部门应当承担的安全指标赋予不同的权重，以方便后续各个部分承担划分的责任。

3. 计算各个部门的基础责任分

在电力企业中，每个部门承担的工作和任务不同，和各个安全指标的关系也不相同。根据各个部门的工作性质，其和安全指标的关系可以分为 4 种：一是直接管理和控制的关系，这种关系不仅直接影响该指标的质量，且具有超前和持久的影响，因此其系数为 1.5；二是直接责任关系，是指该部门需要对指标直接承担责任，因此其系数为 1.4；三是直接配合的关系，是指该部门需要配合其他部门对指标负责，因此其系数为 1.2；四是间接配合的关系，是指该部门对该指标没有直接的影响，需要间接配合，因此其系数为 1.0。

通过上述步骤计算出责任关系的系数后，电力企业可以根据指标权重和系数计算出部门应当承担的基础责任分，以达到合理分配各个部门的安全责任的目标。

三、构建责任管理考核机制

当电力企业对各个部门应当承担的安全责任做出科学合理的分配之后，应当对各个部门进行考核，以督促和落实安全责任的分配，具体可以采用以下方法：

首先，根据不同部门的 25 个安全指标相关的权重和系数计算出得分，并对其进行考核。例如，对某部门来说，其对变压器具有控制和管理的关系，其系数为 1.5，那么其变压器的基准责任为 $0.19 \times 1.5 = 0.285$，而在 300 台变压器中若有 10 台出现问题，则其该项考核得分为 $0.285 \times (1 - 10/300) \approx 0.2755$。因此，可以根据此方式计算出该部门的总考核得分。

其次，当计算出部门的考核得分后，电力企业应当采取一定的奖惩措施激励部门更好地进行工作，并随时加以监督和检查，只有这样才能系统建立起责任管理体系，从而全方位地保障电力企业的安全生产。

第三节 电力企业安全生产目标管理

任何组织都有自己的愿景，需要通过具体目的的实现加以完成。组织的共同愿景是组织成员共同发自内心的愿望和意愿，不仅包含着组织成员自身的希望，还包含着组织发展的方向。

同样，在电力企业中，需要职工共同树立起安全生产的目标，这有赖于全体职工的共同努力和分工合作。为使得组织成

员在既定时间内完成自身工作以实现组织目标，企业管理人员
需要以目标管理的方式对安全生产进行管理。

一、目标和目标管理

目标是组织或个人奋斗和努力的方向，好的目标将对组织
和个人产生引导和激励作用，指导着组织和个人向正确的方向
前进，具有重要的作用和价值。

企业管理人员通过目标管理可以有效地激励和引导员工积
极工作，以促进企业安全生产。

（一）目标的特性和要求

1.目标的特性

在组织和个人中，目标是重要的激励因素，其具有层次性
和多样性的特性。

（1）层次性。目标的层次性和组织的层次性具有密切的
关系。在组织中，可以划分为高层管理、中层管理、基层管理
和基层工作层4个层次，这样有利于管理者进行管理，有利于
组织的运作和组织成员的分工合作。如果目标没有层次性，所
有的员工围绕同一个目标进行工作，这样会使目标变得过于抽
象，很难对每个成员的工作产生具体的指导和激励。因此，需
要将组织目标逐步分解，以指导和激励组织中每个层次的员工

展开工作。

在目标中，层次最高的目标是组织目标，即企业中员工的共同愿景。通常来说，上层的目标更加抽象，而下层的目标更加具体。例如，高层管理人员负责将组织目标具体化为更详细的目标，包括安全生产制备、财务状况目标等，随后这些目标将会被下层管理人员进行细化和具体化，最终成为部门和单位的目标。

组织目标的层次分解或展开有两种方式：一是自上而下，即组织高层管理者根据共同愿景确定组织总目标，并逐次向下制定目标；二是自下而上，即每个组织成员首先根据共同愿景确定自身的目标，并呈报给上级，然后逐次向上归纳和制定，最终形成组织的总目标。

（2）多样性。目标的多样性是指总目标可以用不同的指标进行全面反映，使得总目标在很多方面具体化。

实际上，在组织目标层次体系中，当总目标进行具体化和细化时，每个单位或部门的具体目标并不相同，而是多种多样的，甚至最基层的组织成员的目标也是有所差异的，不过在分工条件下，多样性受到了削弱。

总之，目标的多样性是由目标的层次性、工作性质、个人差异等因素决定的，多样性的目标相互之间不能有矛盾，否则组织总目标会变得不可理解、没有共同方向。

2. 目标的要求

企业应当意识到如果组织中目标设定方面发生改善，其组织的生产效率将不断增加，然而，如果企业的组织目标设定不够合理，反而会起到反效果。因此，企业应当科学合理地制定组织目标，其组织目标或个人目标需要满足以下要求：

（1）组织目标或个人目标必须是经过努力可以实现的，要具有一定的可行性。

（2）目标实现后应当具有相应的、科学的报酬配合。

（3）目标的表达应当明确、清楚，而非含糊不清，让人产生困惑。

（4）目标符合组织的共同愿景。

（5）目标易于进行考核和评价。

（6）本单位、本部门或个人的目标应当保持一致，具有协调性。

（7）目标最好是自己首先提出的。

（二）目标管理的概念

目标管理最早由彼特·德鲁克教授提出，是一种在组织目标特性条件下发展出来的管理方式，并经过很多管理学者的发展完善，在很多组织中均有所应用。

简单来说，目标管理是综合的、以工作和人为中心的系统管理方式，是指一个组织中级管理人员同下级管理人员、员工共同制定的组织目标，并将组织目标具体化到每个成员之中，明确规定每个单位、部门、层次，以及成员的职责范畴，包括管理、评价、奖励报酬等一整套系统化的管理方式。

目标管理的中心思想如下：让组织目标具体化展开，成为每个成员、部门和层次等的行为方向和激励，并成为评价每个成员、层次、部门等工作的标准，最终使得组织有效、有序运作。

二、目标管理的方式和优缺点

起初，目标管理仅是组织成员业绩考评和行为激励的手段，随着企业和管理的发展，其逐渐将组织战略计划、组织结构设计等纳入目标管理范畴之中。因此，目标管理逐渐成为系统管理的有效方式，可以帮助组织有效运作，其管理的方式和优缺点如下：

（一）目标管理的方式

目标管理的方式是指实施目标管理进而获得理想的管理效果的全过程，可以分为以下几个关键环节：

1. 设定组织的总目标

组织的总目标是组织的共同愿景、使命和宗旨在某一阶段想要达成的状态或结果，其规定着组织未来行进的方向和使命，确定着组织总目标设定的基本方面。因此，设定组织总目标是目标管理的第一步。

在设定组织总目标时，组织管理层需要做到以下 3 点：一是透彻分析和判断组织具备的资源实力、可以调动资源的多寡，以及组织的相对优势所在，这样才能更好地判断组织的核心专长，从而保证组织的长远发展；二是透彻分析和判断组织外部环境和影响外部环境因素的变化，如组织面临的文化环境、社会环境等会对组织目标的实现有所影响；三是组织总目标应该是可以度量的，即可以用相应指标进行反映和计量。

在电力企业中，管理人员应当依据电力企业的共同意愿来制定组织的总目标（即安全生产的目标），并将这些目标加以细化和具体展开，通过目标管理的方式促进电力企业安全生产。

2. 组织总目标的层次展开

组织总目标的层次展开需要将总目标按照组织架构进行横向和纵向的分解，具有十分关键的作用。

首先，组织总目标是按照组织的体系层次逐步展开的，是上级给下级的一个初步推荐目标，并不是最后决定的目标。这是一个自上而下的过程。

其次，组织体系中的每个成员可以根据自身所在的部门、层次和岗位分工等结合初步下达的目标进行思考分析，并提出自己的目标，然后按照层级上报。这一过程是对初步目标的一种修订和完善，是自下而上的过程。

最后，组织将下达的初步目标和自下而上的目标进行比较，并分析其中的差异、咨询下级的意见，经过修订后再次下达。如此循环往复，最终将组织的总目标分为一系列目标体系，要求下达目标具备具体说明、具体要求、完成后的激励和自主权限等，要具有明确的责任和行为激励。

3. 目标完成检查和业绩考评

目标管理方式的核心思想是将组织总目标分解为衡量每个部门、层次工作业绩的标准。因此，目标管理全过程的最后一个环节就是根据下达的初期目标对组织各个部门进行目标完成检查和业绩考评。

其中，目标完成检查可以在整个目标期间多次进行，需要上级领导经常指导检查甚至给予必要的资源以支持下级部门完成目标。业绩考评是目标管理全过程中的最后一个阶段，其关键在于将"目标分解"这项工作做好，如果组织中目标分解不全或没有目标分解，在对业绩进行考评时容易造成基层组织或个人的挫败感。

在目标管理方式中，业绩考评的方式分为两种：一是组织各个部门、层次、成员的自我考评，即对自身取得的工作业绩进行判断，适用于组织觉悟高、自我管理能力强的情况；二是组织的上级部门对下级部门及其成员进行考评，其依据是下达的目标和工作业绩。在实际工作中，可以同时采用以上两种方式进行业绩考评。

（二）目标管理的优缺点

1.目标管理的优点

目标管理作为系统的管理方式，具有形成激励、有效管理、明确任务、自我管理、控制有效等 5 个方面的优点，有助于组织更加高效有序地运行，如图 2-3 所示。

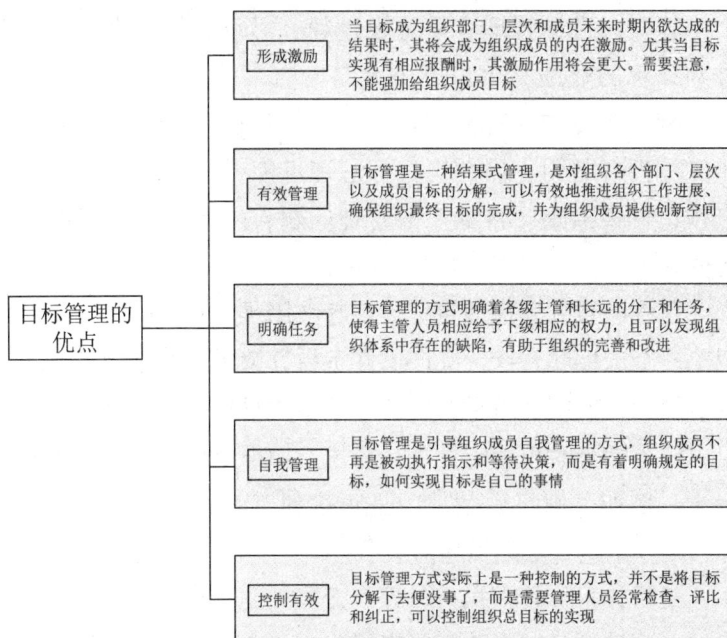

形成激励　当目标成为组织部门、层次和成员未来时期内欲达成的结果时，其将会成为组织成员的内在激励。尤其当目标实现有相应报酬时，其激励作用将会更大。需要注意，不能强加给组织成员目标

有效管理　目标管理是一种结果式管理，是对组织各个部门、层次以及成员目标的分解，可以有效地推进组织工作进展、确保组织最终目标的完成，并为组织成员提供创新空间

明确任务　目标管理的方式明确着各级主管和长远的分工和任务，使得主管人员相应给予下级相应的权力，且可以发现组织体系中存在的缺陷，有助于组织的完善和改进

自我管理　目标管理是引导组织成员自我管理的方式，组织成员不再是被动执行指示和等待决策，而是有着明确规定的目标，如何实现目标是自己的事情

控制有效　目标管理方式实际上是一种控制的方式，并不是将目标分解下去便没事了，而是需要管理人员经常检查、评比和纠正，可以控制组织总目标的实现

图 2-3　目标管理的优点

2. 目标管理的缺点

目标管理尽管有诸多优势，但同时要认识到目标管理的缺点，其缺点主要体现在以下方面：

首先，目标管理强调短期目标，虽然比较具体且易于分解，但对长期目标有所忽视，这样长此以往，将会深入到组织成员的脑海和行为中，进而影响到组织的各个方面，对组织的长远发展没有益处。

其次，目标管理容易忽视过程。对目标管理来说，其考核和评价的业绩是单位或个人完成的"目标"，而成员或部门的努力程度和目标有较弱的联系，目标未完成不代表部门和成员没有努力。因此，目标管理可能带来不重视基础管理工作，过于追求"目标"的管理问题，进而伤害组织的持续发展。

再次，目标管理的目标设定存在困难。在实际工作中，组织是一个产出联合体，其产出并不易分解出，亦不容易判定谁的贡献大，谁的贡献小，因此可度量的目标确定十分困难，即组织的目标有时仅能定性进行描述，如果定量进行描述则有些困难。例如，衡量后勤部门是否达到有效服务组织成员的目标，是很难进行定量描述的。

最后，目标管理执行过程中无法权变。在企业执行目标管理时，一旦目标确定就不能轻易改变，这使得组织运作缺乏弹性，无法通过权变适应外部环境。

第四节 电力企业安全生产和谐管理

和谐管理理论的发展较晚，至今仅有 30 余年的时间，但其在现代管理理论体系中占据重要的地位，对电力企业的安全生产也具有重要的促进作用和价值，指导着电力企业实现安全生产。

一、和谐管理的含义

和谐管理是席酉民教授于 1987 年提出的企业管理方式，是组织为了达到目标，围绕和谐主体的分辨，并采用一定的手段提供解决方案的实践活动。

（一）和谐管理的基本认识

和谐管理作为新的理论探索，其创立和实施是建立在以下 3 个基本认识之上的：

第一，如果组织选择的战略和环境、组织、领导保持一致，则说明组织选择的战略是正确的。

第二，如果和谐管理主题和战略、环境、领导、组织保持一致，则说明和谐主题的选择是正确的，即组织的管理中心定位准确。

第三，如果"和则""谐则"与和谐主题保持一致，则说明组织该阶段的管理系统比较完善和全面。

如果组织可以实现上述 3 个认识一致或基本一致，则可以认定组织的管理是和谐的。

（二）认识和则与谐则

在企业管理中，要使得和谐主体顺利实现，则需要建立相应的"和则"和"谐则"，这两者像企业的两翼，为企业的长远发展保驾护航。

1. 和则与和则体系

和则是指导环境诱导下的自主演化原则，主要用来调整人际关系、组织之间关系、人群和组织关系，包括舆论、文化、社会观念、契约等。在和则体系中，主要包括以下 3 种原则：

（1）和则一：提供人在组织中的基本意义和角色，包括诚信和责任。

（2）和则二：提供人群在组织中的基本意义和角色，包括对分工互补的认同和倾向于合作。

（3）和则三：提供组织在社会、自然中的基本意义和角色，包括可持续的遵从和积极地回馈。

和则可以建立起组织和组织成员之间的相互信任，使得组织成员可以在复杂的环境中自主采取实现组织目标的行动，其管理思路是减少人员的不确定行为，给组织目标的实现带来的威胁。

2. 谐则与谐则体系

谐则是在给定的资源约束条件和目标下追求优化，其特征在于确定性中的效率问题，即"优化性"，是指通过有意规定、设计、设定、规范以达到结构优化、效率提高和流程顺畅的目的。谐则体系主要由以下 3 个原则组成：

（1）谐则一：指要素组合过程中最基本的要求，即匹配或一致性，如结构和功能的协调。

（2）谐则二：指要素间确定性联系的可变动性，如业务流程的再造。

（3）谐则三：指既定投入的最大产出，即优化性，如最大产出规模、最短输入路径。

谐则是组织为达到某个目标所遵循的行动安排规则和规范资源配置的过程，主要用于处理企业管理中人与物的互动关系，以及物质资源配置。

（三）和谐机制和运行状态

1. 和谐机制的含义

在和谐管理中，一定的问题和任务总是可以通过"优化设计"和"人的能动性"的互动耦合来加以解决。因此，将"优化设计"和"人的能动性"称为和谐管理的双规则，前者对应"谐",是指有关优化设计的机制、主张和规律；后者对应"和"，是指人的能动性作用的机制和规律。

和谐管理由"和则体系"和"谐则体系"组成，通过和则和谐则的互动耦合、相互补充，共同作用在组织的管理和作业过程之中，以实现组织追求的目标。

和谐管理是以问题为导向、以目标为引导，动态调整（解决主题漂移）过程控制的管理理论和方法。

2. 和谐管理的两种运行状态

（1）缺失"谐则体系"的组织。如果企业组织中只有"和则体系"是不健康的，这样的组织完全依靠组织成员的能动性，即通过发挥组织成员的能动性以完成组织的目标，没有任何制度体系和机制，依靠组织文化、员工培训、物质激励和模范事例等措施以期望成员做出最大的贡献。在这样的组织体系中，成员开始或许可以凭借自身的激情和愿景做出贡献，但没有相关规章制度的约束，很容易造成全面失败，因为这种能动性的作用是有限的，不可能一直存在，如果没有其他管理方式做出规范，最终会引起混乱。

（2）缺失"和则体系"的组织。如果企业组织中只有"谐则体系"同样是不健康的，这样的组织完全由规章制度约束和规范着成员的各种行为，对业务流程、考核手段、行为准则等均有着严格的要求。也许在特定情况下这种僵化的、结构化的组织方式可以在短时间内取得效果，但长期使用这种管理模式必定会挫伤员工的自主性和积极性，最终导致高效率出错，产生严重后果。

需要注意的是，和则和谐则二者没有明显的互补性，在缺乏和则的组织体系中不可能采用强化谐则获得预期管理效果，在缺乏谐则的组织体系中，亦不可能通过强化和则达到组织的目标。因此，组织要想保持平稳健康发展，"和则"和"谐则"缺一不可，需要结合"优化设计"和"人的能动作用"制定和谐的管理模式。

二、实施和谐管理的重点

随着社会和科学技术的发展，工人逐渐从繁重的体力劳动中解放出来，企业和组织中的成员都有了新的需求，即追求自我实现，要求工作具有一定的自主性、可以产生成就感等。

因此，企业管理人员应当及时转变管理方式和体系，其管理控制的重点应当放在人与人、部门和部门之间的协调方面，以完成企业的整体目标。通过和谐管理，可以兼顾组织成员自我实现和企业目标实现，在组织成员行为协调一致的基础上，可以保持组织成员的灵活性和应变能力。

（一）明确管理的主题

企业的性质不同，其管理的主题自然有所不同。和谐管理的首要问题就是明确管理主题，应当按照以下措施明确和谐管理的主题。

在电力企业中，其管理主题是保障电力安全生产，为实现这一管理主题，管理层应当制定某些定量的指标和定性的指标，将安全指标进行量化并对企业中的各个部门进行考核。如果企业没有具体的指标进行衡量，而是单纯地加强管理，必然会导致考核较为严格（即严格处罚），造成"和则"缺失，"谐则"不规范，不能最大限度地发挥员工的能动性，管理人员和被管理者之间会出现协调不畅的问题。例如，在一些电力企业中，管理人员在现场很少可以提出具有针对性的问题或对安全指标提出建议和要求，而是抓住无关紧要的事情不放，导致现场工作人员产生反感情绪。电力企业管理人员不关心业务培训而过度关注规章制度，并要求一线员工学习重复的文件并记录，这导致一线员工业务素质的下降。

因此，电力企业可以采用和谐管理的方式，制定科学合理的、定量的安全指标，并根据这些安全指标对企业的各个部门、层次和成员进行管理和考核，同时给予各个部门一定的灵活性和应变性，采取各种方式（如教育激励、基础培训等）协调部门和部门之间、成员和成员之间的关系，在提高成员专业技能的基础上，保障管理人员和一线员工的顺畅沟通。

随着电力企业的整体发展，其人员构成、科学技术、运营环境等都发生着新的改变，加上电力企业是人才密集型和技术密集型的行业，其成员都属于"知识工人"，因此需要采取新的管理理念（如和谐管理、责任管理、目标管理等），以更好地保障电力企业的安全生产。

（二）制定和谐的管理规章制度

在电力企业中，管理人员的出发点是电力安全生产，在现阶段没有更好的手段的形势下，只能通过制定细致而全面的规章制度对安全生产进行规范，但有时这些僵硬的规则制度难以弥补管理方法和手段的不足，甚至造成电力企业员工的负担。例如，有些电力企业中的规章制度包罗万象、制度成册成本，甚至要求一般员工花费时间填写或学习大量不需要的材料，不要说一般员工，即便是管理人员也很难全面掌握，造成"谐则"泛滥，"和则"不足，这是一种不和谐的管理方式，这也表明"谐则"不能完全代替"和则"。

电力企业要制定必要的规定或对原有的规章制度进行适当修改。和谐管理的主题是保障安全生产，需要灵活制定相关的规章制度以达到安全生产的目的，可以经过认真研究和提炼，针对被管理对象制定符合实际的管理规定。例如，对基层管理层来说，大量的文件和制度并不能达到预期的目的，甚至会加重一线员工的负担，而必要的安全培训教育、安全培训考核则十分有必要。因此，企业管理人员可以灵活制定相关制度以建立管理层和操作层的和谐互动。

需要注意的是，不能将管理人员制定的"规章制度"作为目标而忽略过程只追求结果，把管理手段当作管理的主体。

综上所述，在复杂的环境中由于成员的行为和结果很难控制，因此采用和谐的管理思路设计管理者的行为是有效的选择和途径，可以更快实现企业的目标。同时，随着人们对工作需求的转变，领导的角色逐渐向服务和教练转变，这要求领导增强对组织和谐主体的关注和提炼能力，要具备围绕和谐主题进行组织设计和整合的能力。

第三章　电力企业安全生产技术

　　企业管理人员不仅应当对管理方式和手段有所了解，还应当具备一定的安全生产技术和技能，才能有效指导电力企业职工安全进行作业，从而保障电力企业的安全生产。

　　本章主要介绍预防触电安全技术、机械作业安全技术、高处作业安全技术、带电作业安全技术，以及其他作业安全技术，旨在帮助管理人员和职工安全进行生产和工作。

第一节　预防触电安全技术

　　在电力企业中，最容易发生的安全事故就是触电，因此管理人员要具备一定的防触电安全知识，以有效指导工作人员，安全技术分为以下几种。

一、预防直接触电的技术措施

　　为预防人体直接触电导致出现生命危险，作业人员在进行相关作业时，应当采取以下基本措施进行防护：

（一）绝缘防护

绝缘防护是最基本、最普通的安全防护措施，同时是最有效、应用最广泛的安全防护措施。

绝缘防护是指作业人员使用绝缘材料将带电导体进行封护或隔离，如变压器的油绝缘、导线的外包绝缘、敷设线路的绝缘子等，使得电气设备可以正常工作，防止人身触电事故的发生。

1.绝缘材料

绝缘材料又称电介质，具有较大的电阻，在直流电压的作用下具有不导电或导电极微的作用，主要用来隔离电气设备中不同电位的带电导体，其主要性能指标包括击穿强度、耐热性、绝缘电阻和机械强度等，见表3-1。

表3-1　绝缘材料的性能指标

名称	含义和要求
击穿强度	在一定数值的电场强度下，绝缘材料会因损坏而失去绝缘性能，即发生击穿现象。因此，绝缘材料需要具备一定的击穿强度，以保证在高电压下不会失去绝缘作用

名称	含义和要求
耐热性	在一定高温下，绝缘材料的电阻、机械强度等性能会有所降低，这不利于绝缘作用的实现，因此要求绝缘材料在规定温度下可以长期工作，并对不同成分绝缘材料的耐热性进行划分、规定每个等级绝缘材料的极限工作温度，如漆包线、漆丝为 A 级，极限工作温度为 105 ℃
绝缘电阻	所谓绝缘电阻是指绝缘材料呈现的电阻，通常高达几十兆欧以上，如果温度、厚薄以及表面状况不同，其绝缘电阻亦有较大差异
机械强度	机械强度包括抗张、抗压、抗弯、抗冲击、抗撕拉等各种强度指标，要求绝缘电阻具有较好的机械强度，以更好地保证隔离带电导体的作用
其他特性指标	包括黏度、耐油性、酸值、干燥时间、胶化时间等

2. 绝缘电阻及其检测

绝缘电阻是指绝缘材料呈现出的电阻，是电气设备和电气线路最基本的绝缘指标。

通常来说，在低压电气装置中，其电动机、配电线路、配电设备的绝缘电阻不应低于 0.5 MΩ（运行中的线路和设备不低于 1 MΩ）；在低压电器及其连接电缆、二次回路的绝缘电阻不低于 1 MΩ；二次回路小母线的绝缘电阻不低于 10 MΩ；Ⅰ类手持电动工具的绝缘电阻不低于 2 MΩ。

在测量绝缘电阻时，作业人员可以使用兆欧表法进行测量（适用于没有安装打破管道中的绝缘电阻测量），其操作步骤如下：首先将各处线路按照兆欧表测量方法进行连接，导线和管道的连接可以采用磁性接头或夹子；其次启动测量仪器，通常为 500 V/500 MΩ 的兆欧表，其手柄需要达到规定的转速并持续 10 s，此时兆欧表显示的电阻值即为绝缘接头的绝缘电阻值。

综上所述，优质的绝缘材料具有良好的绝缘性能，可以有效保证人身和电气设备的安全。因此，为预防人身直接触电，电力企业应当采用优质的绝缘材料进行绝缘防护。

（二）保证安全距离

为防止人体触及带电体或过分接近带电体或避免发生各种短路和爆炸事故，人体和带电体之间、带电体和带电体之间、带电体和地面之间、带电体和其他设备之间，必须保持一定的安全距离，即人体和物体接近带电体而不发生危险的安全可靠距离。

在电力企业中，电气安全距离应当符合相关安全规程的规定，保证工作人员对电气设备进行巡视、操作、检修和维护时的绝对安全，避免闪络放电的发生。在实际的电力工作中，人体和带电设备的实际距离往往大于安全距离，这样才能有效避免触电事故的发生。

1. 线路安全距离

线路安全距离是指导线和地面、跨越物（包括电力线路和弱电线路）、杆塔构件之间的最小允许距离，包括以下几种类型：

（1）架空线路。架空线路是指架空明线，即架设在地面之上、用绝缘子将输电导线固定在直立杆塔上的输电线路，通常采用钢芯铝绞线或铝绞线。

架空线路应当避免跨越建筑物，禁止跨越可燃材料建筑物屋顶，如果必须跨越建筑物时，需要和相关部门协商并获得批准，同时导线和建筑物的最小距离根据电压、经过地区的不同而有所区别。例如，如果在居民区内，在电压小于 1 kV 时，其和地面的最小距离为 6.0 m；当电压处于 35 kV 时，其和地面最小距离则为 7 m。

总之，在架空线路时，导线和地面的最小距离、导线和建筑物的最小距离、导线和树木的最小距离等有相关规定，电力公司应当遵守相关规定。

（2）低压配电线路。低压配电线路是指由 380/220 V 电压供电的电力线路，可以分为架空配电线路和地埋（电缆）配电两种。

低压配电线路和用户建筑物外第一个支持点间的架空导线称为接户线（接户线引导室内的导线称为进户线），其对地距离应当满足最小距离。如低压接户线中沿墙敷设对地垂直距离的最小距离应为 2.5 m，而跨越胡同的最小距离为 3.0 m。总之，无论是接户线还是进户线，为防止触电事故的发生，应满足接户线和地面之间、接户线和接户线之间的安全距离，具体可以根据相关规定制定。

直埋电缆的埋设深度应该不小于 0.7 m 且处于冻土层之下，电缆和其他管道之间的距离应当大于 0.5 m，否则需要采取防护措施；低压电缆之间的距离应当大于 35 mm；高、低压电缆之间的距离需要大于 150 mm。

2. 变配电设备安全距离

在变配电设备和其他带电体、遮拦设施、接地体之间有着一定的距离要求，如果不能保证这些设备之间的安全距离，则有可能发生触电事故。因此，电力企业应当保持变配电设备的安全距离，具体分为以下几种：

（1）带电体之间。变配电设备带电体需要和其他带电体或接地体之间保持安全距离，根据设备和电压的不同，其最小安全距离有所不同，电力企业需要遵守相关规章制度。

（2）变压器之间安全距离。首先，室内变压器外壳距门应当大于 1.0 m，距墙应当大于 0.8 m；35 kV 及以上变压器距门应当大于 2.0 m，距墙应当大于 1.5 m；变压器二次母线的支架距离地面应当大于 2.3 m。

其次，安装在室外的柱上变压器底部距离地面应不小于 2.5 m；室外变压器和围墙或网状遮拦之间需要有足够的距离，宽度应为 1.5 ～ 2.0 m；变压器的高压跌开式容电器的对地距离应当大于 4.5 m，相间距离应当大于 0.7 m。

3. 用电设备安全距离

为保证用电设备之间的安全距离，常用的开关设备安装高度应为 1.3 ~ 1.5 m，开关手柄和建筑物之间应当保持150 mm 的距离；车间低压配电箱底口和地面的高度，暗装时应为 1.4 m，明装时应为 1.2 m；墙用平开关离地面的高度取1.4 m；插座和地面的高度，明装时取 1.3 ~ 1.5 m，暗装时则取 0.2 ~ 0.3 m。

起重机具到线路导线间的最小距离，根据电压等级的不同有所差别：1 kV 以及 11 kV 以下者应当大于 1.5 m，10 kV 及以上者应当大于 2 m。

4. 检修安全距离

在对电路进行检修时，人体及其所带工具和带电体之间必须保持足够的安全距离：低压工作时，人体及其所带工具和带电体之间的距离应不小于 0.1 m；高压工作时，根据电压等级、有无遮拦等的不同，其安全距离有所差别，需要根据相关规定进行。

（三）做好屏护装置

屏护是指采用专门的装置将危险带电体和外界进行隔离的安全防护措施，可以防人体接触或过分接触导电体、带电设备，有效保障人体安全，其装置包括遮拦、围墙、箱闸、罩盖和保护网等。

对于屏护装置而言，其并不需要和带电体直接接触，因此对其所采用材料的电气性能没有严格要求，而是对其机械强度和耐火性有着严格要求，在以下场合需要采用屏护装置：

（1）人体可能接近或触及的裸线、母线和行车滑线等。

（2）各种高压设备（无论是否绝缘）。

（3）开关电器的可动部分，如铁壳开关的铁壳、闸刀开关的胶盖等。

（4）人体可能接近或触及的场所、变配电设备。

（5）带电体附近作业场所，如作业人员和带电体之间、入口、过道等场所和位置。

1. 屏护装置的分类

根据屏护装置作用的不同，可以分为屏蔽装置和障碍装置，前者可以防人体有意或无意接近、触及带电体，属于完全防护；后者仅能防止人体无意触及或接近带电体，属于不完全防护。

根据屏护装置使用要求的不同，可以分为永久性屏护装置（包括配电装置的遮拦或开关的罩盖等）和临时性屏护装置（包括检修工作中临时使用的屏护装置等）。

根据使用对象的不同，可以分为固定屏护装置（如母线的护网）和移动屏护装置（如跟随天车移动的天车滑线）。

2. 高压配电设备的屏护装置

首先，在高压配电设备中，其裸露在外的部分对行人和作业人员有着较高的危险，如果其导电部分距离地面的高度小于2.7 m，则应在裸露部分两侧和底部装设护网。

其次，如果室内电气设备外绝缘体最低部位距离地面小于2.3 m，应当装设固定遮拦。

再次，应当在室内母线分段部分、母线交叉部分、停电检修易误碰设备，装设具有明显标志的护网。同时，在安装有油断路器的屋内设置遮拦。

最后，在 66 ～ 110 kV 屋外配电设备周围设置高度大于1.5 m 的围栏，并在醒目的位置设置警示牌。

二、预防间接触电的技术措施

所谓保护接地是指将电气设备的某一金属部分通过导体和土壤进行连接，可以将电荷和电流导入大地，具有保护人体触电的作用。同时，保护接地可以保证电气设备在正常和事故情况下可靠地工作。

（一）采用接地装置

1.接地装置

接地装置由接地体和接地线组装成，前者是指埋入土壤并直接和大地土壤接触的金属导体或金属主体，包括接地干线和接地支线两种；后者是指和大地相接的导线。

其中，接地体可以分为自然接地体和人工接地体，前者是指埋入地下的金属管道、金属结构或钢筋混凝土地基等，具有接地体的作用；后者是指采用钢管、圆钢、角钢等制作的、埋入地中的导体。

接地装置本身是安全装置，具有足够的机械强度和良好的导电能力，可以有效地防止触电事故的发生。在安装接地装置时，要注意对其进行防腐蚀处理并埋入适当的深度，保证其连接可靠。

2.接地分类

根据接地装置作用的不同，可以将接地分为工作接地、保护接地、保护接零和重复接地4种类型。

（1）工作接地。工作接地是指为保证电气设备可靠运行，将电力系统中某点（如变压器的中性点）用金属和大地相连，具有以下作用：

首先，可以迅速切断接地故障。

其次，可以保持系统电位的稳定性，降低低压系统产生的过电压的危险性。例如，高压窜入低压时会加重低压系统的电压，使得系统电位不稳定，如果采用工作接地，则可以降低这种危害。

最后，可以降低电气设备和电力线路绝缘水平。

（2）保护接地。保护接地是防止电气设备外露的不带电导体意外触及带电体而造成危险，具体操作如下：将电气设备外露的金属部分及其附件采用保护接地线和接地体连接起来。

（3）保护接零。保护接零是指在中性点直接接地的系统中，将电气设备不带电的金属部分和中性点接地系统的零线连接起来。

（4）重复接地。重复接地是指将中性线或接零保护线上的一点或数点通过金属和大地相连。

除此之外，保护接地的类型还包括防雷接地、屏蔽接地以及防静电接地等。

3. 接地电阻

接地电阻是指电流在地下流散途径中土壤的电阻，和土壤导电率、尺寸和布置方式、电流频率，以及接地体的形状等因素有关。通常来说，当电网中发生接地短路时，短路电流会近似半球形流散，因此，其流散电流所通过的截面会随着和接地体距离的增大而迅速增大。

对那些土壤电阻率较高的山区来说，为尽量节约金属材料，可以采取一定措施改善土壤的电导率，如在接地体周围的土壤中添加具有较高导电率的位置或添加一层降阻剂等，以降低接地电阻值。

（二）采用安全电压

安全电压兼有防止直接接触电击和间接接触电击的双重作用，其原理如下：对电力系统中可能会作用于人体的电压进行限制，从而抑制触电时流过人体的电流，最终将触电危险性控制到没有危险的范围之内。

1. 安全电压的范围

我国国家标准规定了特低压额定值，分别为 42 V、36 V、24 V、12 V、6 V，在这些电压中工作，可以抑制触电时流过人体的电流，对人体的伤害最低，是比较安全的范围。

根据使用环境、使用方式等因素的不同，安全电压的额定值有所差别。例如，在特别危险的环境中，其采用的手持电动工具应为 42 V 特低电压，而在有电击的危险环境中，其采用的手持照明灯具应为 36 V 或 24 V 的特低电压，水下作业等场所则应采用 6 V 以下的特低电压等。

2. 特低电压的安全电源

要想保证安全特低电压，需要由专门的安全电源进行供电，其安全电源主要有以下几种：

（1）安全隔离变压器或具有多个隔离绕组的电动发电机组。

（2）电化电源或与高于特低电压回路无关的电源（如蓄电池等）。

（3）可以确保输出端子上的电压或不超过特低电压值的电子装置电源，一般可以用内阻不小于 3 kΩ 的电压表测量。

其中，回路的导线应当和其他回路的导线分开敷设，并保持适当的安全距离，而回路带电部门之间应当实行电力隔离，其隔离水平不应低于变压器输入和输出回路之间的电气隔离。

第二节　机械作业安全技术

机械设备是现代生产和生活中不可缺少的设备，其功能丰富、使用范围广泛，是人类进行生产的重要工具。然而，机械设备有时会对人造成损伤，甚至危及人的生命，同时会造成一定的经济损失。

在电力企业中，离不开各种机械设备的运转，如果操作不当或因为某种因素出现操作失误，会对作业人员造成难以挽回的损伤，严重时甚至会影响作业人员及其家人的生活。因此，作业人员和管理人员应当具备一定的机械安全技术和知识，最大限度地避免机械事故的发生。

一、机械伤害与机械安全

机械伤害是最常见的生产安全事故之一，其不仅会对操作者的身心健康造成损伤，还会对操作者的家人造成严重的伤害。而机械安全是指从保障人的安全需求出发，采取各种措施，使人的身心免受外界因素的危害，确保操作者的安全。

（一）机械危害和事故

1.机械产生的危害

对操作者而言，机械可能产生的伤害主要分为两类：一是机械本身对操作者形成的伤害，包括夹挤、剪切、碾压、缠绕、刺伤、摩擦、飞出物打击、碰撞或跌落、高压流体喷射等；二是非机械危害，包括噪声危害、辐射危害、震动危害、电气危害、材料或物质产生的危害、温度危害、未遵守安全人机学原则产生的危害等。

2.机械事故的类型

在操作机械设备的过程中，如果操作者的操作不当或机械设备运转出现问题，往往会使得操作者受到伤害，其机械事故一般分为以下几种类型：

（1）机械设备零部件做旋转运动造成的伤害，包括绞伤头发、绞伤手部或旋转的零部件造成的物体打击等。

（2）机械设备零部件做直线运动造成的伤害，包括压伤、砸伤和挤伤等。

（3）机械零部件刀具造成的伤害，包括烫伤、刺伤、割伤等。

（4）被加工的零件造成的伤害，包括甩伤、砸伤等。

（5）手用工具造成的伤害，包括割伤、砸伤、锯伤等。

（二）机械安全的含义

机械安全是指从人体的安全需求出发，帮助操作者科学合理地使用机械，以保证人的身心免受外界因素危害的存在状态和保障条件。

机械安全有两层含义，一是机械设备本身符合安全要求；二是机械设备的操作者在操作时符合安全要求，这两者缺一不可，共同保障着机械安全。

因此，电力企业应当采取一定的措施和手段来保证机械安全，在维护机械设备本身安全的同时，提高操作者对机械设备的操作水平。

二、机械设备的安全要求

在电力企业中，会采用很多机械设备，如果这些机械设备本身不符合安全需求，则很容易发生安全事故。因此，为最大限度地避免安全事故的发生，电力企业需要加强对机械设备的安全检查，具体措施如下：

（1）对机械设备零部件的强度、刚度等进行安全标准检查，并将其安装牢固，保证其可以顺利正常运转。在安装机械设备零部件时，需要保证安装合理可靠且不影响操作。

（2）对做旋转运动、直线运动的部件装设防护罩或防护挡板，以免发生绞伤和砸伤等。

（3）对那些可能发生超载、超温度、超行程、超压等而导致危险事故的零部件或设备，装设相关保险装置，如安全阀、行程限制器、超负荷限制器、温度继电器、时间断电器等，以便在出现危险情况时，保险装置可以及时抑制危险的发生。

（4）对某些动作顺序不能颠倒的零部件或设备装设相互连锁装置，即只有某一动作完成之后才能进行下一步动作，否则不会发生反应，这样可以有效地保证动作顺序的正确，进而防止机械事故的发生。

（5）机械设备的布局应当科学合理，以便于作业人员和操作人员对其进行安装和卸下，同时，这样也有利于维修人员的检查和维修。

（6）每台机械设备应当根据性能、作用、操作顺序等制定安全操作的规程和检查、维护制度等，以便于操作者按照规章制度进行有效操作。

除此之外，机械设备的作业现场应当整齐干净、温度和湿度适应、尽量减少噪声和震动，以使得操作者心情舒畅、提高工作效率。总之，电力企业管理人员应当根据相关的规章制度对机械设备进行检查和维护，必须保证机械设备符合安全要求和标准，以减少机械事故的发生，保证机械安全。

三、机械操作的安全要求

要保障机械设备不发生事故，不仅需要机械设备符合安全要求，更重要的是要求操作者严格遵守安全操作规程，具体要求如下：

（1）必须正确穿戴好个人防护用品。例如，在进行带电作业时，作业人员必须穿戴一整套安全防护服，在使用金属外壳的电气工具时，应当戴好绝缘手套等。

（2）在对电气设备进行操作之前，需要提前对电气设备进行安全检查，严禁电气设备带故障运行，在进行安装时需要按照正确的操作步骤进行安装。

（3）在某些动作需要对人们进行警告或提醒注意时，可以装设信号装置或警告牌等，以防工作人员进行某些危险的操作。

（4）机械设备在进行运转时，严禁操作者用手进行调整，禁止操作者用手直接接触和测量零件，也不允许进行润滑或清扫杂物等操作，如果必须进行，则应当关闭机械设备后进行。

（5）当机械设备进行运转时，操作者禁止离开工作岗位，以防发生安全事故时没有人进行处理。

（6）机械设备使用的刀具、工夹具，以及加工的零件等需要装卡牢固，不得松动。

（7）工作结束之后，应当关闭开关，将刀具和工件从工作位置退出，并清理好工作场地、打扫好机械设备的卫生。

第三节　高处作业安全技术

在输配电线路工程作业现场，电力企业员工需要借助脚扣、升降板等工具登高或攀爬（如电线杆、电网架等）。

因此，电力企业员工需要掌握一定的高处作业安全技术，并应在经过安全生产教育和岗位技能培训后，方能按照相关规程和规范实施高处作业。

一、高处作业的一般安全要求

在电力企业之中，员工难免会进行高处作业，因此需要将预防高处坠落纳入安全技术措施之中，并由相关管理人员进行管理和监督。

（一）对实施高处作业员工的要求

第一，从事高处作业的员工要身体健康并每年进行一次体检。根据相关规定，凡是患有高血压、贫血病、心脏病、癫痫和其他不宜从事高处作业的人员，不得从事高处作业。

第二，从事高处作业的员工需要取得《中华人民共和国特种作业操作证》方能上岗，并且在上岗之前需要经过三级教育，并通过安全技术培训和考核。

第三，高处作业人员必须按照要求穿戴整齐个人防护用品（包括安全帽、安全带、不穿带钉易滑的鞋子），并将安全带系在牢固可靠的地方以防挂钩滑脱，不得用绳子代替安全带。同时，高处作业人员的衣着应当灵活轻便，禁止酒后登高作业。

第四，高处作业人员禁止站在阳台栏杆、模板、钢筋骨架等位置上操作，禁止在屋架上弦、檩条和未固定的构件上作业。

（二）实施高处作业的工具要求

第一，高处作业所使用的工具、材料和零件等必须装到工具袋中，而工具袋或较大的工具则应固定在牢固的构件上，同时注意高处作业人员在上下时手中禁止拿物件。

第二，如果高处作业人员需要在吊笼内进行工作，则应事先检查吊笼的拉绳并将吊笼负荷控制在安全范围之内，同时需要专人进行监护。

第三，高处作业使用的脚手架需要具备足够的负荷强度，其材料需要坚固和有韧性，其几何尺寸和性能等应严格满足《建筑安装工程安全技术规程》。同时，脚手架应由取得架子工搭设资格证的人员搭设，以保证高处作业人员的安全，作业人员不准从脚手杆或斜撑、剪刀撑攀爬。

第四，如果高处作业人员是在薄板材料和轻型材料等高处台面上工作，则必须铺设具有防滑功能的脚手架，如果是在玻璃台面上工作则必须搭建固定脚手架，禁止在没有防护设施的外壁板和墙壁等建筑物上行走。

第五，高处作业人员在工作时，其物件的传递应当用绳索栓牢再传递，禁止在高处投掷工具或其他物品，禁止将容易滑落、滚动的工具和材料放在脚手架上，当工作结束之后，高处作业人员应当及时将工具、材料、零件等清理干净，如果是大型物件，则可以使用可靠的起吊工具。

第六，如果高处作业人员需要在高空作业车、叉车等上进行作业，首先应当检查液压机构并尝试操作一遍，以保证液压机构的稳定。需要注意的是当车辆移动时，作业台上不准载人。

（三）高处作业现场的要求

第一，在高处作业现场，相关工作人员禁止站在作业点的垂直下方，其落物区不能有人员经过，并应在工作点下方设置围栏或其他保护措施。

第二，高处作业现场周围的孔洞、沟道等位置应当设置盖板、围栏或安全网等，并在此处设置安全标志和红灯警示（主要在夜间设置）。

第三，凡是在高处作业和其他作业交叉进行时，必须设置安全网，甚至设置专用防护棚或其他隔离措施，在距离地面3 m的位置处作业时，应当设置防护栏杆、安全网或挡板。

第四，当高处行走区域不能设置防护栏杆时，可以设置1.05 m高的安全水平扶绳，且每隔2 m设置一个固定的支撑点。

二、高处作业梯子的使用要求

高处作业人员在进行高处作业时，往往会用到梯子，为保证电力企业员工的生命安全，使用的梯子应当符合以下要求：

（1）在变电站和配电站等带电区域或附近，禁止使用金属梯子。

（2）如果在户外变电站或高压室内搬动梯子，需要将其放倒由两人共同搬运，要注意和带电部分保持足够的安全距离。

（3）梯子应当坚固完整并具有防滑胶垫，其立柱应可以承受作业人员及其工具的总重量，梯阶的距离不宜超过40 cm，并在距离梯顶1 m处设置限高标志。

（4）当使用单梯工作时，其与地面的斜角为60°左右。

（5）使用人字梯应有限制开度措施，人字梯不准绑接、绑扎使用，而且还要有人攀扶，人应缓缓上下，不得晃动过大。

（6）当梯顶没有搭钩或者在遇到大风时，需要有专人扶梯并监护。

（7）使用软梯、挂梯或梯头进行移动作业时，只允许一人进行工作，并使用保护绳防止梯头脱钩。

三、高处作业安全带的使用要求

高处作业人员在进行高处作业时，往往会用到安全带，为保证电力企业员工的生命安全，安全带应当符合以下要求：

（1）在屋顶或其他危险的边沿进行工作时，需要在临空的一面设置安全网或防护栏，同时工作人员需要使用安全带；当坠落高度超过 1.5 m 时，工作人员应当使用安全带。

（2）在使用安全带之前，应当首先进行外观检查以确保安全带的安全性，同时企业管理人员需要定期抽查检验，淘汰不合格的安全带。

（3）安全带的挂钩应当挂在结实牢固的构件上或专门的钢丝绳上，并采取高挂低用的方式。同时，高处作业人员应当随时检查安全带是否拴牢。

（4）在进行电焊工作或其他有火花的场所，安全带应当使用隔热防磨套或其他阻燃材料加以保护。

第四节　带电作业安全技术

带电作业是指在电力设备或线路不停电的情况下，对电力设备或线路进行测试、更换部件、检修维护，以及处理缺陷的特殊作业方式。

在带电作业中，作业人员需要具备专业知识和技能，并以专业的方式进行带电作业，否则很容易发生事故。

一、带电作业的基本技术条件和要求

在电力线路、变电站等电气设备中，通常采用 3 种方式进行带电作业，即等电位方式、中间电位方式和地电位方式。

为更好地保证作业人员免受电流的伤害，在进行带电作业时必须具备以下基本技术条件：

（1）流经人体的电流不超过人体的感知水平 1 mA。

（2）将高压电场限制到 240 kV/m（即局部场强不超过人体感知水平）。

（3）人体和带电体保持规定的安全距离，并保证电力系统不会发生闪络放电。

（一）等电位作业安全要求

等电位是带电作业经常采用的工作方式，通常在 63（66）kV、±125 kV 及以上电压等级的电力线路或电气设备上进行，禁止在 20 kV 及以下电压等级的线路和设备中进行等电位作业，如果在 35 kV 电压等级进行等电位工作，应当采取一定的绝缘隔离措施。

在进行等电位作业时，操作人员应当注意以下几点，以保障自身的安全：

（1）作业人员必须穿戴合格的全套屏蔽服（包括衣裤、帽子、手套、鞋袜和面罩等），且应保证各部分连接良好，并在屏蔽服装内穿戴阻燃内衣。

（2）等电位作业人员与接地体和相邻导线的距离应当满足规定的安全距离，见表 3-2。

（3）等电位作业人员和地电位作业人员传递材料和工具时，应当使用具有足够长度的、符合相关规定的绝缘绳索或工具。

表3-2 等位作业人员和接地体、相邻导线的安全距离

电压等级（kV）	和接地体的距离（m）	和相邻导线的距离（m）
35	0.6	0.8
63（66）	0.7	0.9
110	1.0	1.4
220	1.8	2.5
330	2.2	3.5
500	3.4	5.0
750	5.2	6.9
1000	6.8	

（4）等电位作业人员沿绝缘梯进入强电场时，其与接地体和带电体两部分的间隙应当满足安全距离，同时保持和邻近交叉电力线的安全距离，见表3-3。

表 3-3　等电位作业人员安全距离

电压等级（kV）	邻近或交叉其他电力线工作的安全距离（m）	接地体和带电体最小组合间隙（m）
10	1.0	—
20.35	2.5	—
63（66）	3.0	0.8
110	3.0	1.2
220	4.0	2.1
330	5.0	3.1
500	6.0	4.0
750	9.0	4.9
1000	10.5	6.9
±50	3.0	—
±500	7.8	3.8
±660	10.0	—
±800	11.1	6.8

（5）等电位作业人员禁止使用酒精、汽油等易燃物品擦拭带电体及其绝缘部分。

（二）中间电位作业安全要求

中间电位是带电作业经常采用的工作方式，是指在大地绝缘（指通过绝缘工具，如绝缘车、绝缘台等对大地进行绝缘）的基础上，作业人员近距离使用绝缘工具进行带电作业，通常适用于大地附近的作业点、作业点设备复杂难以采用地电位作业方式等场合，作业人员需要遵守以下要求：

（1）中间电位作业人员必须穿戴全套的屏蔽服并保证各个部位连接可靠，且作业点和带电体、接地体所形成的组合间隙应当符合表3-3规定。

（2）在配电线路工作时，如果作业人员需要直接接触20 kV及以下电压等级设备，应当穿戴合格的绝缘防护用具（包括绝缘安全帽、绝缘手套、绝缘服或披肩、绝缘鞋子、绝缘安全带等），并佩戴护目镜。注意在使用之前应对这些绝缘防护工具进行检查。

（3）在进行中间电位作业时，其作业区域内的带电导线、绝缘子应当采取相间、相对的绝缘隔离措施，其范围应该比作业人员范围增加0.4 m以上，并遵循先下后上、先近后远的顺序进行，拆除时则相反。

（4）在中间电位作业过程中，禁止作业人员同时拆除带电导线和地电位的绝缘隔离措施；禁止作业人员同时接触两个非连通的带电导体；禁止作业人员同时接触带电导体和接地导体；禁止工作人员摘下绝缘防护用具。

（5）作业人员应当在得到工作监护人的同意后方能进行换相工作转移。

（6）当杆塔上带电核相时，作业人员需要和带电部位保持足够的安全距离，其核相工作需要逐相进行。

（三）地电位作业安全要求

地电位是带电作业经常采用的方式之一，在以该方式进行带电作业时，作业人员需要和带电体之间保持安全距离，如果不能满足最小安全距离，则应当采取绝缘隔离措施。

在进行地电位带电作业时，作业人员应当遵守以下要求，以保证自身的生命安全：

（1）作业人员应当和带电体保持安全的距离，同时其绝缘操作杆、绝缘工具或绳索等应当具备足够的绝缘长度，见表3-4。

表3-4　地电位作业人员与带电体、绝缘工具距离

电压等级（kV）	作业人员和带电体距离（m）	绝缘操作杆长度（m）	绝缘承力工具、绝缘绳索长度（m）
10	0.4	0.7	0.4
35	0.6	0.9	0.6

续表

电压等级（kV）	作业人员和带电体距离（m）	绝缘操作杆长度（m）	绝缘承力工具、绝缘绳索长度（m）
63（66）	0.7	1.0	0.7
110	1.0	1.3	1.0
220	1.8	2.1	1.8
330	2.2	3.1	2.8
500	3.4	4.0	3.7
750	5.2	—	5.3
1000	6.8	—	6.8
±500	3.4	3.5	3.2
±800	6.8	6.8	6.6

（2）禁止作业人员使用棉纱绳、钢丝绳等非绝缘的绳索。

（3）如果没有特殊需要，禁止跨越下方和邻近有电力线路或其他弱电线路的档内进行带电架、拆线工作。

（4）在绝缘子串尚未脱离导线之前，尤其是拆装靠近横担的第一片绝缘子时，应当使用专用的短接线方可直接进行操作。

（5）在市区或人口密集的区域进行带电作业时，应当在现场设置围栏并派专人进行监护。

二、低压带电作业的安全规定

当作业人员进行低压带电作业时，应当按照以下要求进行作业：

（1）低压带电工作应当设置专人监护、至少两人作业，以保证操作人员的安全。

（2）在低压带电裸线的线路工作时，如果工作人员没有采取绝缘措施，禁止穿越其线路。同时，工作人员必须使用有绝缘柄的工具，禁止使用锉刀、金属尺等带有金属的工具，以防止相对地短路。

（3）在高、低压同杆架设的情况下，如果作业人员在低压带电线路区域进行工作，应当检查和高压线之间的距离，确保作业人员和高压带电体有足够的安全距离。

（4）禁止在潮湿和湿气过重的室内、具有恶劣天气的室外进行带电作业。

（5）作业人员需要穿绝缘鞋和全棉长袖工作服，并穿戴手套、护目镜、安全帽等设备，必须保持人体对地的可靠绝缘。

（6）在上杆前，工作人员要分清楚零线和相线，并选好工作位置。在断开导线时，其顺序为先相线后零线，搭接导线时则相反。注意，工作人员禁止同时接触两根线头。

三、高压带电作业的安全规定

一般而言，高压输电线路以地电位为主，超高压输电线路已经逐步过渡到等电位作业为主，特高压输电线路则以等电位作业为主。因此，针对输电线带电作业的安全防护以静电感应电击和电场为主。

（一）感应电压防护要求

在 330 kV、±400 kV 及以上电压等级的线路杆塔或变电站构架上进行作业时，需要针对静电感应采取以下措施：

（1）作业人员应穿静电感应防护服和导电鞋。

（2）绝缘架空地线应被视为带电体。在绝缘架空地线附近作业时，作业人员与绝缘架空地线之间的距离不应小于 0.4 m。如需在绝缘架空地线上作业，应用接地线将其可靠接地或采用等电位方式进行。

（3）用绝缘绳索传递大件金属物品（包括工具、材料等）时，杆塔或地面上的作业人员应将金属物品接地后再接触，以防电击。

（二）保护间隙的要求

220 kV 及以上的电压等级进行等电位作业时，作业人员应沿绝缘子串进入强电场，若组合间隙不满足规定时，应加装保护间隙，以防发生人身设备事故，具体要求如下：

（1）保护间隙的接地线应用多股软铜线。其截面应满足接地短路容量的要求，但不得小于 25 mm^2。

（2）保护间隙的距离应当按照相关规定进行设置。

（3）悬挂保护间隙前，应与调度联系停用重合闸。

（4）装、拆保护间隙的人员应穿全套屏蔽服。

（5）悬挂保护间隙应先将其与接地网可靠接地，再将保护间隙挂在导线上，并使其接触良好。拆除的程序相反。

（6）保护间隙应挂在相邻杆塔的导线上，悬挂后，应派专人看守，在有人、畜通过的地区，还应增设围栏。

第四章 电力企业安全事故处理

在电力企业中，尽管各项安全措施已经尽量到位，然而还是难以完全避免安全事故的发生。当电力企业发生安全事故后，管理人员应当采取一定的措施和策略，以最大限度降低职工和企业的损失。

本章主要介绍电力安全事故的处理原则、处理程序，以及处理策略，旨在帮助管理人员更好地应对安全事故。

第一节 电力安全事故的处理原则

当电力企业发生安全事故时，电力企业管理人员应当保持冷静和镇静，并遵循一定的处理原则对安全事故进行科学合理的处置，具体原则如图4-1所示。

（一）以人为本原则

以人为本是一切工作的出发点和落脚点，在电力企业安全

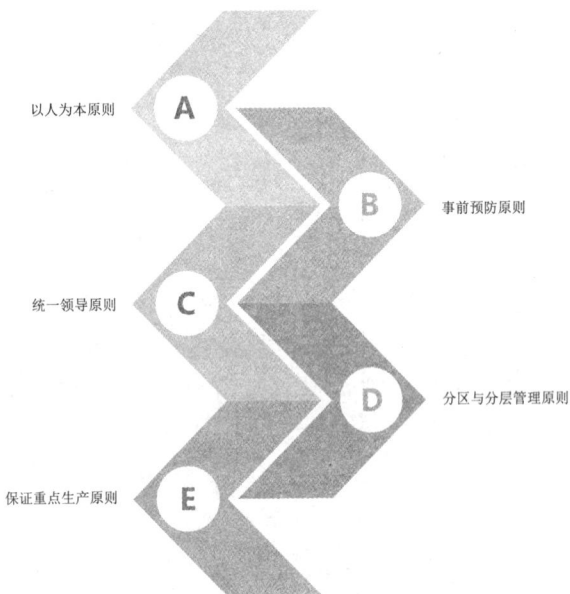

以人为本原则 A

事前预防原则 B

统一领导原则 C

分区与分层管理原则 D

保证重点生产原则 E

图 4-1　电力企业安全事故处理原则

事故中更是如此。在安全事故发生之后，如果出现人员伤亡情况，应当首先考虑员工的生命安全问题，遵循"以人为本"的原则。

首先，电力企业管理人员应当及时采取应急救援措施以有效保证受伤员工的生命安全和健康，及时对伤亡人员采取救治措施并及时将伤亡人员送往医院救治。

其次，企业管理人员应当掌握和了解事故发生的原因和经过，并总结经验教训，改进电力设备或方法，对员工进行生命安全教育，并落实和督促安全措施的改进，以最大限度降低事故发生的概率。

（二）事前预防原则

俗话说"凡事预则立，不预则废"，这里的预就是提前的意思。在生活中，很多事情需要我们提前做好准备，这样才能在事情来临之前做到有备无患。

在电力系统中，更是需要做好事前预防，这不仅是电力企业生产的基本原则，同时也是保障电力企业顺利运行的基础和保障，主要体现在以下方面：

首先，电力企业需要加强电力安全生产的管理活动，要对突发性事故的事前预防和合理控制等措施进行检查。

其次，电力企业应当定期、定时对电力系统的安全生产进行检查，以及时了解和处理电力基本设备的缺陷和不足，这样才能预先防止因电力设备而出现的重大电力生产事故。

最后，电力企业应当及时开展有针对性的安全事故处理演习，以提高电力企业员工和管理人员应对突发性事故的紧急处理能力，最终做到应急抢险，以及快速恢复正常生产秩序。

（三）统一领导原则

当发生电力安全事故时，应该严格实行"统一领导、全面落实、措施得力"的根本原则，以保证电力系统安全事故处理的有效性和全面性。

首先，电力企业应当在各级指挥、相关部门的统一领导和协调之下，积极开展各项应急处理工作，包括事故应急、电力生产恢复、突发性安全事故处理、应急救援等。

其次，电力企业各车间和部门应当遵循电力企业管理层的统一领导，当发生安全事故时，应在电力企业的统一领导和协调下开展各项工作，在有条不紊开展电力正常工作的基础上，科学合理应对安全事故。

（四）分层和分区管理原则

在电力企业中，为保证人民的正常用电需求，应当严格按照"分层、分区管理，协调统一，以及各负其职"的基本原则，以保证电力系统有条不紊地为居民供电。

第一，电力系统应当根据供电的范围和性质进行分层和分区管理，使得每个区域都有专门的部门负责和管理，做到各司其职，以提高电力系统的管理效率和水平。

第二，每一级的供电部门应当针对单位具体的实际情况，制定具有针对性和科学性的防止事故发生和应急处理办法，以有效维护电力系统生产的正常秩序和安全。

（五）保证重点生产原则

当电力系统瘫痪时，有时会由于某种因素的限制不能立即恢复正常的秩序，此时电力企业应当遵循"统一协调，保证主网，保证重点"的基本原则，做出取舍和选择，以保证重要场所的供电需求。

首先，在突发性事故处置过程中，需要运用一切必要的管理手段来限制突发性事故范围的扩大，并保证主网不会因突发性事故而导致大面积停电。

其次，如果因为某种因素不能立即恢复大范围供电，应当优先恢复比较重要用户的供电需要，如医院、学校等场所，然后在统一协调下恢复整体社会的正常供电秩序。

第二节　电力安全事故的处理程序

当发生电力安全事故后，电力企业管理人员应当采取一定的处理程序或方法，以确保事故得到妥善处理，其处理程序可以分为以下 4 个阶段，如图 4-2 所示。

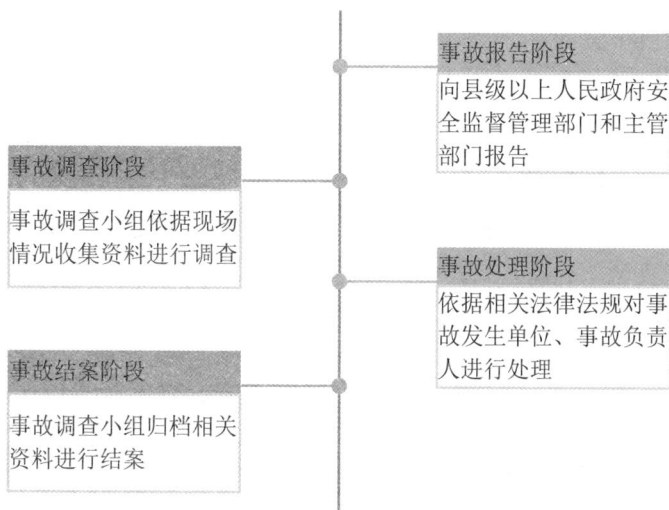

事故报告阶段

向县级以上人民政府安全监督管理部门和主管部门报告

事故调查阶段

事故调查小组依据现场情况收集资料进行调查

事故处理阶段

依据相关法律法规对事故发生单位、事故负责人进行处理

事故结案阶段

事故调查小组归档相关资料进行结案

图 4-2　电力安全事故的处理程序

（一）事故报告阶段

当发生重大电力安全事故后，事故发生单位负责人应当在 1 小时内向相关部门进行报告，报告部门通常为县级以上人民政府安全生产监督管理部门和负有安全生产监督职责的部门（即主管部门）。

通常情况下，安全监督部门和主管部门接到报告后会立即赶赴事故现场，并展开事故救援活动、保护事故现场。同时，这些部门会按照《电力安全事故应急处置和调查处理条例》规定及时、逐级上报电力事故。

在事故报告阶段，电力企业管理人员报告的事故内容具体包括以下方面：

（1）事故发生单位的概况。

（2）事故发生的简要经过，包括事故发生的时间、地点和事故现场的情况。

（3）事故已经造成的或可能造成的伤亡人数（包括下落不明的人员）和初步估计的直接经济损失。

（4）已经采取的措施。

（5）其他应当报告的情况。

在这一阶段，电力企业管理人员需要负起补报的责任，即自事故发生之日起 30 天内，如果事故造成的伤亡人数发生变化，应当及时补报，一旦发生迟报、漏报、瞒报和谎报等行为，经查证属实将会面临严惩。

（二）事故调查阶段

在事故调查阶段，电力企业管理人员并不直接参与，而是由人民政府或人民政府授权、委托的组织部门进行调查，通常由安全监督部门、主管部门、人民政府、监察部门、工会部门等有关人员组成，同时会邀请人民检察院派人员参加，调查组长由市级政府指定。

在事故调查阶段，该事故调查组的主要任务包括5个方面：一是查明事故发生的经过、原因、人员伤亡情况和直接经济损失；二是认定事故的性质和事故责任；三是提出对事故责任者的处理建议；四是总结事故教训，提出防范和整改的措施；五是提交事故调查报告，包括有关证据材料。

在事故调查阶段，电力企业管理人员应当积极配合事故调查组进行调查取证工作，为其提供真实有效的材料和证据。调查取证工作主要包括以下几个方面：

（1）事故现场处理。为保证事故调查公正客观进行，同时便于事故取证工作，事故调查小组和电力企业管理人员应当对事故现场进行保护。

（2）事故有关物证收集。为更好地对事故发生的原因进行调研，事故调查小组需要收集事故有关的证物，以更好地调查事故。

（3）事故事实材料收集。事故调查小组需要收集两方面的事实材料，一是收集和事故鉴别、记录有关的材料；二是收集事故发生的有关事实。

（4）事故人证材料收集记录。事故调查小组需要找到事故现场的人证，并对其进行访谈和调查，以获得详细的事故发生经过。

（5）事故现场摄影、拍照和事故现场图绘制。事故调查小组需要完成两方面的工作，一是对事故现场进行拍照；二是绘制事故现场图。

（三）事故处理阶段

对于重大事故、较大事故、一般事故，负责调查的人民政府应当在收到事故调查报告的 15 天内做出批复，而有关机关应当按照人民政府的批复和法律法规的权限和程序，对事故发生单位和有关人员进行行政处罚，并对负有事故责任的国家工作人员进行处分。事故发生单位要对事故负责人进行相关处理，对于涉嫌犯罪的人员要依法追究刑事责任。

在事故处理阶段，有关部门要对安全生产工伤事故进行严肃认真的调查处理。事故发生单位在接受教训的同时，要进行认真反思和总结，防止同类事故重复发生。依据国家相关法律法规，对事故责任人的处理要贯彻"四不放过"原则，以落实防范事故重复发生的措施，具体内容如下：

（1）事故原因未查清不放过。

（2）事故制定的切实可行的整改措施未落实不放过。

（3）事故责任人和周围群众没有受到教育不放过。

（4）责任人员未受到处理不放过。

事故处理是根据事故调查得出的结论，是事故调查目的的实现和落实，两者具有独立而密切的关系，即事故调查是事故处理的前提和基础。

在事故处理阶段，电力企业管理人员应当接受处罚并落实处理意见，同时督促落实整改措施，进行工伤鉴定和认定工作。

（四）事故结案阶段

在事故结案阶段，有关机关和事故发生单位应当按照政府批复的事故调查报告，将处理结果及时呈报调查组牵头单位，然后事故调查组及时进行结案，并出具结案通知书。

在事故结案阶段，事故调查小组需要将相关材料进行归档，具体内容如图4-3所示。

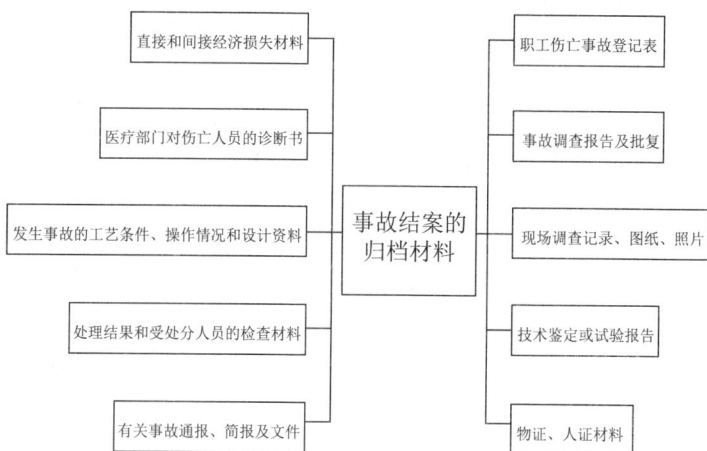

图4-3　事故结案的归档材料

第三节　电力安全事故的处理策略

为更好地应对电力安全事故，电力企业管理人员可以采取以下策略或方法提前预防或妥善处理相关电力安全事故，如图4-4所示。

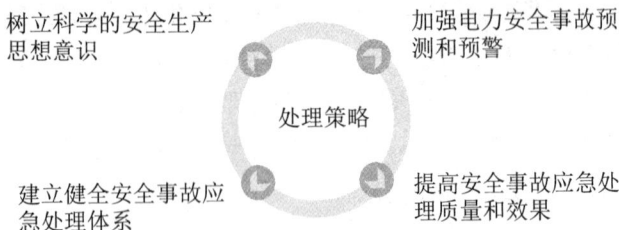

树立科学的安全生产思想意识

加强电力安全事故预测和预警

处理策略

建立健全安全事故应急处理体系

提高安全事故应急处理质量和效果

图4-4　电力安全事故的处理策略

（一）树立科学的安全生产思想意识

目前，即使很多电力企业内部制定了较为明确、细致的规章制度来确保安全生产工作，并明确了相关人员在安全生产管理事故中的责任，然而某些电力企业仅是将安全生产放在口头上而非落到实处，究其根本是管理层并不重视安全生产，也没有制定相关的整改方案。

因此，为有效落实安全管理工作，有效事前预防安全生产事故的发生，电力企业需要树立科学的安全生产意识，可以采取以下方法或手段：

首先，加大电力企业安全生产的宣传力度，通过各种座谈会、宣传会等将安全生产理念植根在电力企业的每个成员心中，帮助其牢牢树立起安全生产的警戒线。

其次，将安全教育和文化建设落实到日常安全生产的例行工作之中，可以通过安全生产例会、安全网工作例会、运行分析管理、班前班后两会、安全检查管理等形式培养电力企业员工的安全生产知识和技能。

最后，培训员工相关的电力企业安全事故知识，帮助其掌握应对安全事故的方法和手段，并帮助其学习和掌握救治受伤员工的技能，以保证受伤员工可以得到及时的救治。

（二）建立健全安全事故应急处理体系

当安全事故发生之后，各级政府部门的首要任务就是保民生、保安定，当事故有所缓解时，电力企业的首要任务就是恢复正常的生产活动。

因此，电力企业应当建立健全的应急处理体系，通过有效的手段和方法，最大限度地保证员工的安全和企业的经济效益。

第一，电力企业需要科学整理企业内部所有的事故应急救援资源，以确保事故发生后具备足够的救援资源，最终实现更大范围、更高层次、更深程度的快速有效救援，并配备专业的救援队伍。

第二，电力企业可以建立事故应急管理中心和事故应急抢险团队，前者主要用来迅速抢救伤员、进行事故应急处理（如及时上报上级单位和领导），并派专人保护事故现场，不得妄动事故现场的任何东西；后者主要负责准备应急物资、合理调配物流、贯彻应急通信的基本要求，采取其他线路或方式供电，确保在最短时间内恢复正常的供电。在这样"双管齐下"的方式下，可以确保伤员得到快速救治，同时可以快速恢复供电体系。

（三）提高安全事故应急处理质量和效果

为提高安全事故应急处理的质量和效果，电力企业应当采取一定的措施和手段，使其应急管理体系和机制可以快速响应。

首先，如果不能提前预测和预警相关电力安全事故，当安全事故无法避免而发生时，电力企业应当迅速启动事故应急处理体系，及时组织和调配相关人员和资源处理该事故。同时，在这一过程中，可以将安全事故按照严重程度分为不同的等级，以保证电力企业资源的有效利用。例如，如果事故波及范围较大、程度较广，可以采用Ⅰ级应急处理响应，调动更多的人员参与救援。

其次，在事故应急处理体系中，应当始终坚持"以人为本"的原则，快速、及时调动专业的救援队伍，以最大限度地保障员工的生命安全。例如，当员工不慎从高处坠落后，救援队伍应在10分钟内赶到，并提供相应的治疗服务。因此，电力企业需要在车间班组建多个救援队伍，以有效保障员工的生命安全。

（四）加强电力安全事故预测和预警

首先，电力企业需要科学合理地安排电网生产和运行的方式，优化对电力系统的协调调度，以保证电网可以有序平稳运行。同时，电力企业需要尽力做好突发性事故的预想，并采取相关科学技术加强对核心输电设施和重要输电断面的预测和监管，争取将安全隐患灭杀在摇篮之中。

其次，电力企业应当不断地完善和改进事故和灾害的应急预案，并根据具体情况加以调整，确保事故应急预案的科学性、实用性、有效性和可操作性，以确保当事故发生后可以进行迅速反应。

最后，电力企业应当加强对自然性灾害和突发性事件的预警，并采取科学的预测技术时刻监管电力企业的整体环境，当发现"苗头"之后，应迅速启动预警机制并通知相关人员，以保证电力企业员工在最短的时间内做好应急事故准备工作。

第五章　电力企业安全生产预防措施

"居安思危，思则有备，有备无患"，事前进行预防总是比事后进行弥补来得有效。在电力企业生产中亦是如此，为保证电力安全生产，电力企业需要采取一定的预防措施。

本章主要介绍电力安全生产的组织措施、技术措施、防火防爆基本措施，以及其他预防措施等，旨在帮助管理人员通过这些预防措施更好地管理电力企业，最终保障电力企业的安全生产。

第一节　电力安全工作组织措施

保障电力安全生产的组织措施包括现场勘察制度，工作许可制度，工作间断、转移和终结制度，农村电工安全作业制度等，这些措施可以有效保证电力人员进行相关作业场所的安全，以降低安全事故发生的概率。

一、现场勘察制度

现场勘察制度要求电力线路施工作业的工作负责人或工作票签发人到施工现场进行必要的勘察，同时施工和检修的单位应当根据工作任务组织现场勘察准备工作，其勘测的内容包括需要停电的范围、施工现场的条件环境和危险点、保留的带电部位等。

根据现场勘察结果，如果其作业项目具有较高的危险性和复杂性，施工难度较大，则勘察者应当编制技术措施、安全措施、组织措施，并经过本单位主管生产的领导批准后再执行，这样可以有效预防安全事故的发生。

二、工作许可制度

工作许可制度是对作业人员安全的重要保障防线，作业人员只有经过工作许可后方能进行作业。

（一）工作许可人的安全职责

工作许可人需要对本次作业的安全负责，其主要任务包括负责审查工作票列举的安全措施是否完整和正确，是否符合现场施工条件；负责检查和检修的设备是否有突然来电的风险；和工作负责人共同检查现场布置的安全措施、隔离措施等是否完善，必要时可以对其进行补充；如果对工作票中所列内容存在疑问，必须向工作票签发人员询问清楚，并做详细补充；和工作负责人共同在工作票中确认和签名，签发许可工作。

（二）工作许可制度的注意事项

首先，如果需要进行线路停电检修，工作许可人需要将可能受电的各个方面进行拉闸停电，并挂好接地线，将工作班组的数目、工作地点、工作任务、工作负责人姓名加以记录，然后才能发出许可工作命令。

其次，工作许可人的开始工作命令必须通知到工作负责人，且两者中的任何一方不能擅自变更安全措施。

再次，工作负责人在完成工作许可手续后，在作业之前应当向作业人员教导现场安全措施、指明带电部位，作业开始之后应当始终在工作现场。

最后，工作许可人和工作负责人应当监护所有工作人员的活动范围，使之保持和带电部分、接地部分的安全距离，并保证作业人员操作方法、使用工具的正确性。

三、工作间断、转移和终结制度

工作间断、转移和终结制度可以分为间断制度、转移制度和终结制度 3 种类型，是保障和预防作业人员生命安全的重要组织措施。

（一）工作间断制度

工作间断制度是指作业人员因某些因素在进行间断工作时应采取的组织措施。

首先，当工作发生间断时，工作班人员需要从工作现场撤离，其工作票仍由工作负责人执存，工作负责人应保持所有安全措施不变。同时，每日收工之后，需要清扫现场并将工作票交给值班员。需要注意的是，间断后继续工作无须通过工作许可即可复工。

其次，白天工作间断时，需要将工作地点的全部接地线保留不动，当需要暂时离开工地时，需要派专人看守或采取相关安全措施，以避免人、畜接近施工现场，当返回工作时应当检查接地线和各项安全措施的完整性。

最后，如果是经调度允许的连续停电、夜间不送电的线路，其工作点的接地线可以不拆除，但次日恢复工作前应派人检查。

需要注意的是，如果作业人员在工作中遇到极端天气或其他威胁生命安全的情况，工作负责人或工作许可人应当组织临时停止工作。

（二）工作转移制度

工作转移制度是指当作业人员转移工作地点时采用的安全措施制度。例如，在同一电气连接部分需要使用同一工作票，在这种情况下，工作人员可能需要转移几个工作地点进行作业，此时其安全措施应当在值班员开工前一次性布置好，而不需要办理转移手续。

总之，当作业人员需要用同一工作票依次在几个工作地点转移作业时，在组织安全措施时应当遵守工作转移制度，根据相关规定来进行。

（三）工作终结制度

当作业人员完成任务后，工作负责人需要检查线路检修地段的具体情况，包括塔杆、绝缘子串、导线等设备是否清理完毕、全部工作人员是否撤下来、接地线是否全部拆除等，期间要遵守一定的工作程序和制度。

首先，各个工作小组要对作业任务进行即时检查和后续检查，然后报告给工作负责人。

其次，工作负责人在对上述设备和工具进行检查后应及时报告给工作许可人，工作许可人接到所有工作负责人的完工报告后要进行确认，并核对记录簿然后拆除各侧的安全措施，最后恢复线路送电。

四、农村电工安全作业制度

在农村供电方面，存在管理水平低、设备陈旧、维护范围大、产权不清等问题。为保证电力企业工作人员的生命安全，需要针对农村供电情况制定相关措施和制度。

（一）农村电工安全作业措施

首先，在执行电气操作前，农村电工需要掌握和核对现场设备的编号、名称，以及开关的分、合位置，当操作结束后，需要全面检查该设备。

其次，电气操作必须在值班负责人的命令下执行，同时应该由两人执行电气操作，每张操作票只能执行一个操作任务，并由操作者填写低压操作票。

最后，农村电工在进行电气操作前，应当先断开开关，然后再断开刀开关或熔断器，送电的顺序则相反。同时，在合刀开关时，需要在刀开关触头接近静触头时快速合上，在拉刀开关时应快速断开。

（二）低压电气设备工作的安全组织措施

在农村供电体系中，农村电工多是在低气压电气设备中进行操作，因此需要制定相关安全组织制度，具体包括以下几种：

（1）工作票制度：如果是低压停电工作，应当使用低压第一种工作票，如果是在低压设备上进行间接带电作业，则应使用低压第二种工作票。

（2）工作许可制度。

（3）工作间断制度。

（4）工作监护制度：工作负责人担任工作监护人，如果施工现场用一张工作票分别到不同的地点工作，则各小组监护人由工作负责人制定。

（5）工作终结、验收和恢复送电制度。当全部工作完成之后，工作人员需要整理清扫现场并进行竣工检查。同时，工作负责人和工作许可人应到现场检查验收，在工作票上填写终结时间，工作票终结。随后，工作许可人应当拆除安全措施并恢复供电。

第二节　电气安全工作技术措施

为保证电力安全生产，电力企业需要采取停电、验电、装设接地线等技术措施以减少或降低人员的损伤和企业损失。

一、停电操作

停电操作是指在电气设备或线路不带电的情况下，对其进行电气检修工作，为保障作业人员的安全，需要将待检修的设备、在工作人员安全距离之内的设备、带电部分在工作人员两侧或后面且去安全措施的设备进行停电处理。其中，根据电源是否完全断开，可以分为线路上工作停电、部分停电和全部停电3类。其中，所谓带电设备是指任何运行中的星形接线设备的中性点。

在进行停电操作时，必须将待检修设备各方面的电源完全断开，其切断的电源包括以下几种：

（1）断开检修设备各侧电源的断路器和隔离开关。

（2）断开断路器和隔离开关的操作电源。

（3）与停电检修设备相关的变压器和电压互感器，必须从高压、低压两侧断开。

（4）将停电设备的中性点接地刀闸断开。

二、验电操作

验电的目的是验证停电作业的线路或电气设备是否存在电压，以防止带电装设底线或带电合接地刀闸等安全事故的发生，其操作方法如下：

首先，在验电之前，需要在有电设备上进行试验，以确认验电器功能良好。同时，必须使用与电压等级适合且合格的验电器，并穿戴绝缘手套。

其次，在验电时，应在检修设备的进出线两侧分别验电，如果没有验电器，可以使用绝缘棒代替（35 kV 以上的电气设备），即根据绝缘棒端是否有火花和放电声进行判断。

再次，在对开关、刀开关或熔断器进行验电时，应当在断口两侧验电。

最后，在杆上电力线路验电时，需要先验下层，然后再验上层，先检验距离人体较近的导线，然后检验距离人体较远的导线。

需要注意的是，进行高压验电时，表示设备断开和允许进入间隔的信号、经常接入的电压表等不能作为判断是否存在电压的依据。

三、装设接地线

在电力企业中，需要对可能产生感应电压的设备或可能送电到停电设备的各个部门装设接地线，以防作业人员发生触电危险，这种做法具有重要的价值：一是可以防止突然来电时工作人员的触电伤害；二是当停电设备或线路突然来电时，接地线可以形成三相短路使得电源迅速断开，以消除突然来电；三是泄放停电设备或线路由于各种原因产生的电荷。

在装设接地线时，除了接地线和带电部分应符合规定的安全距离之外，还应遵循以下原则进行装设：

（1）停电线路工作地段的两侧应该装设接地线。

（2）对发电厂或变电站的母线进行检修时，如果母线的长度在 10 m 以内，应当装设一组接地线；如果母线的长度大于 10 m，则应当根据母线上电源进线、分布情况，以及感应电压适当增设接地线。

（3）当在同杆架设多层电力线路挂接地线时，应当按照先下层后上层、先近后远（即先挂离人体较近的导线）的原则挂导线。

（4）如果运行线路对停电检修的线路产生感应电压，无法停电时，可以在该线路上加挂接地线。

（5）在挂接地线时，需要先将地线的接地端接好，然后在导线上挂接，拆除时则相反。同时，要保证接地线和接地极的牢固可靠，禁止使用缠绕的方式连接、禁止使用断路线或其他导线代替接地线。

（6）如果检修的设备没有接地网引出线，则可以采用临时接地棒接地，此时要注意接地棒在地面的深度不得小于 0.6 m。

（7）当进行装设、拆除接地线时，应当戴上绝缘手套或使用绝缘棒，禁止直接接触接地线或未接地的导线。同时，禁止任何人移动已经挂接好的接地线，如需移动，需要经过工作许可人同意并在工作票上注明。

（8）接地线一般由 1 根接地段与 3 根（或 4 根）短路段组成，多采用多股软裸铜线，单根的截面不得小于 16 mm²。

（9）在户内进行电气设备间检修时，可以将进户线刀开关或熔断器断开，并锁住配电箱门，此时可以不挂接地线。

四、设置标示牌措施

在进行电力作业时，作业人员需要设置相关标示牌，以提醒有关人员将要进行的错误行为，防止作业人员错走进带电隔间或误碰带电设备等，可以有效预防安全事故的发生。

首先，在相关开关、刀开关的操作手柄中应当悬挂"禁止合闸、有人工作"的标志牌，包括以下 3 种情形：一是一经合闸即可以将电送到工作地点的开关、刀开关；二是一经合闸即可启动并造成人身触电、设备损坏的保护器动作的开关、刀开关；三是一经合闸就会使得两个电源系统并列或引起反送电的开关和刀开关。

其次，在相关场所挂上"止步、有电危险"的标志牌，包括以下 4 种情形：一是运行设备周围的固定遮拦上；二是电气施工禁止通过的过道遮拦上；三是施工地段附近带电设备的遮拦上；四是低压设备做耐压测试的遮拦上。

最后，在邻近带电线路设备的场所挂上"禁止攀登、有电危险"的标示牌，包括以下两种情形：一是距离线路或变压器较近，有可能误攀登的建筑物；二是工作人员可能误攀登的电感或配电变压器的台架。

其中，标示牌或遮拦的设置应当和低压带电部分保持大于0.7 m的安全距离；户外安装的遮拦高度应不低于1.5 m，户内安装的遮拦高度应不低于1.2 m。

第三节　防火防爆基本措施

在电力企业，火灾和爆炸是威胁其安全生产的主要因素。一旦发生，将会对电力企业造成难以预测的危害。因此，电力企业需要采取一定措施防止火灾爆炸的发生。

一、电气线路防火防爆措施

在电气线路问题上，为避免发生短路、超负荷、电阻过热等问题，电力企业应当采取以下预防措施，以保证电力企业的顺利运行：

（一）预防电气线路短路

当电气线路发生短路时，其电流往往会增加几倍甚至几十倍，使得电气设备温度急剧上升，进而引起可燃物的燃烧，最后导致火灾或爆炸的发生，对此可以采取以下措施进行预防：

（1）严格按照电力企业的规章程序进行安装和维修等工作，并根据实际的环境选用合适的电缆和导线。

（2）强化电力企业的维修管理，时常用仪表测量电线的绝缘强度，及时更换陈旧、破损的电线，以保证电气线路的安全。

（3）电力企业在安装线路时需要和周围建筑物保持适当的距离，电线杆需要夯实，其垂度、档距和相间距离等应当符合安装标准。

（4）电力企业应当选用合适的安全保护设备。

（二）预防电气线路过负荷和电阻过热

为防止电力线路过负荷或电阻过热而引起火灾，电力企业可以采取以下措施：

（1）电力企业在安装线路时，应当考虑电气线路的最大负荷，并合理选用一定截面的导线，以保证线路在合理的负荷范围之内。

（2）电力企业应当随时对线路的负荷问题进行检查和监督，如果发现线路存在过负荷现象，应当适当减少线路中的负荷或更换较大截面的导线。

（3）电力企业应当安装适当的保险装置，当线路中负荷过大时启动该保险装置，以防线路负荷过大。

（4）电力企业应当保证导线和导线之间、导线和电气设备之间的连接点牢固可靠，并经常测量接触电阻的情况，尤其是重要的母线和干线之间的连接点，如果发现运行中设备连接点有发热或松动的情况，电力企业应及时处理。

（5）对于铜铝相接导线来说，为避免两者之间接触电阻过热，应当采用并头套的方式进行连接或用银焊的方式进行焊接。

（6）电力企业应当在接触电阻过大的地方提前进行预防，可以在这些地方涂上变色漆或安放试温蜡片，以保证可以及时发现接触点过热的情况。

（三）预防电气线路电火花、电弧的产生

电火花是电极间击穿放电产生的，电弧则是大量的电火花聚集而成的，两者的温度十分高（高达 3000 ～ 6000 ℃），不仅可以引起绝缘材料的燃烧，同时可以引起金属材料的融化，是十分危险的点火源。

在电力企业中，电火花和电弧是产生火灾和爆炸的主要原因之一，避免其的发生可以采取以下措施，如图 5-1 所示：

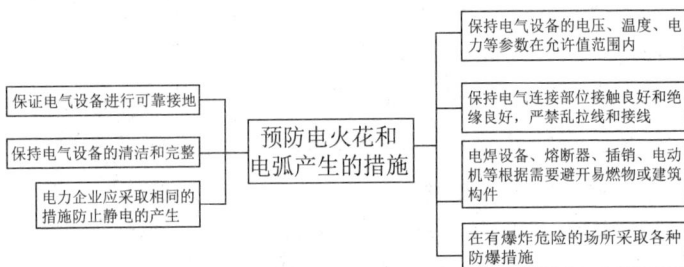

图 5-1　预防电火花和电弧产生的措施

除此之外，电力企业还应当对电气照明灯具进行检查、维修和保养，并保持照明灯具和可燃物的距离，根据线路和实际环境选择合适的分布线路等，这样才能更好地防止火灾的发生。

二、电气设备场所防火防爆措施

在电力企业之中，易燃易爆场所很多，诸如配电室、高压室等，这些场所一旦发生火灾或爆炸，将产生严重的危害。

因此，针对这些电气场所，电力企业应当采取一定的措施以防爆炸或火灾的发生。

（一）电气场所位置的选择，设备和线路的要求

1. 电气场所位置的选择

电气场所位置的选择十分重要，其应当远离生活和办公区域，和其他生产场所保持足够的安全距离，并符合国家的有关规定，这样，当不可避免发生爆炸时才不会"殃及池鱼"，不会对其他人或生产企业造成严重影响。

2. 电气场所设备和线路的要求

在电气场所中，其使用的设备设施和电气线路必须符合防

火防爆的要求，即选择防爆型设备。除此之外，电力企业应当保证设施的安全性（包括安全防护设施），并定期对这些设备进行检验、维护和检修。

（二）电气场所的防雷和防静电

在电力企业中，其设备场所必须设置可靠安全的避雷设施，以保证场所的安全性。电力企业可以针对配电室、高压室等场所配备避雷针或避雷设施，以尽量避免爆炸的发生或电网大面积瘫痪情况的发生。

静电是常见的带电现象，经常出现在人和电气设备之间或电气设备之间，其电压甚至高达几千伏或上万伏（电流较小）并产生火花，对电气设备场所有着严重的危害，对静电的控制可以采取以下措施：

（1）保持电气设备良好接地。在输送电力的线路和设备中必须具有可靠的接地装置，这样才能消除设备之间的电位差，以避免静电的产生。

（2）保持对人体静电的防护。在电力企业之中，为防止工作人员静电的产生，必须要求工作人员穿戴静电工作服以避免静电火花放电。同时，为了导除工作人员身上积累的静电，工作人员应当穿导电橡胶底胶鞋或布底鞋，而工作地面则应当采用水泥地面。

除此之外，空气湿度亦可以有效防止静电的积累，相关数据表明，当相对湿度在65%以上时可以防止静电积累。

三、电气场所的安全管理

根据国家相关法律法规的规定，易燃易爆单位各级行政正职负有第一位和全面的责任，易燃易爆班组长和操作人员负有直接的责任。

电力企业属于易燃易爆单位，因此企业管理人员需要对电力企业的安全进行管理，遵守一定的规章程序，具体可以采取以下措施：

（一）培训相关作业人员

为保证电力企业的顺利运行和作业人员的安全，电力企业必须对相关操作人员进行安全培训、技术培训，以及知识培训等，保证作业人员掌握维修、检查电路线路的基础知识和技能，并严格遵守有关的操作规程。

首先，对相关管理人员进行培训，使其掌握必备的管理知识，包括对电力企业相关设备和人员的管理、电力企业相关的管理规定和程序、事故安全应急管理程序、电力安全技术和技能，以及必要的法律法规知识等。

其次，对相关操作人员进行培训，使其掌握必备的操作技能，以最大限度避免安全事故的发生，包括电力企业设备的操作技能、电力企业操作的安全知识、电力企业设备的操作规程、现场伤员紧急救治方法等，以帮助操作人员可以有效操作相关电力设备，安全进行电力作业。

最后，对相关维修人员进行培训，使其掌握必备的维修技能和知识，以最大限度地保障电网的顺利运行，保障人民的供电需求。维修人员只有具备过硬的电力知识和技能，才能及时发现相关的安全隐患并加以排除，包括电力设备的维修知识和技能、电力设备的维修程序、电力设备的检修方法等。

（二）保障相关安全设备

在电力设备的相关场所，电力企业必须采取有效的防火防爆措施，以保障电力设施的安全性。

首先，电力企业使用的工具和防护用品应当符合防火和防爆的要求。例如，电力企业作业人员和维修人员应当穿戴防止静电的服装和鞋子，在进行高处作业时，应当穿戴符合国家标准的防护用具等。因此，企业管理人员有必要定期对这些工具和防护用品进行检查和抽查，以最大限度地保障工作人员的生命安全。同时，注意存放电力设备场所的安全，在这些场所附近避免设置办公室和宿舍等，最好和其他建筑物保持一定的安全距离。

其次，电力企业应当定期对防爆的电力设备、静电导出设施、避雷针、消防设施等进行检查和维护，按照相关规定进行校验，以保证这些设施的使用性和有效性，使其可以起到应有的作用和效果。

总之，通过上述措施，可以有效地对电气场所的安全进行管理和维护，这也是企业管理人员安全管理的必要措施和途径。

第四节　其他电力安全生产措施

在电力企业中，各种安全隐患都有可能造成重大的损失，进而对职工的生命安全和企业的经济效益造成严重影响。因此，电力企业应当积极采取各种预防措施，做到未雨绸缪，最大限度地保证企业的顺利运转。

一、预防误操作事故的措施

为保障电力企业安全生产，应当采取一定的预防安全事故措施，可以针对误操作采取相关措施。

（一）加强对违章行为的超前控制

国家电网公司在《生产管理部安全生产目标责任书》中明确指出"除人力不可抗拒的自然灾害外，通过我们的努力，所有的安全事故都是可以预防的，任何隐患都是可以消除的。"这表明安全事故是可以控制的。因此，电力企业需要加强对违章行为的超前控制，以提前预防安全事故的发生。

首先，帮助电力企业员工牢固树立"事故可控"的意识，通过对其展开安全预防措施教育、安全预防措施培训等手段，帮助电力企业员工了解安全事故隐患和可以提前采取的措施，使其在心中树立"事故可控"意识，进而超前控制员工的违章行为。

其次，违章行为容易导致误操作，进而对员工的生命安全造成威胁，因此，电力企业需要立足改变员工的异常行为，落实照章操作的规定，在深入准确分析违章的直接和间接原因的基础上，针对根本原因制定有效措施。

（二）提高电力企业操作人员的防误能力

任何电力设备的操作都离不开人的因素，员工是操作电力设备的主体，因此只有加强对操作人员的管理，提高其防误能力和纠错能力，才能更好地预防误操作事故。

首先，加强班组安全文化建设。以各类文化活动和技能竞赛为载体，通过积极鼓励班组成员参赛，增强每名员工的责任心和安全意识，帮助其养成严谨细致的工作作风和良好的职业习惯，从而使其不折不扣地执行组织措施和技术措施。

其次，对全体员工的定期进行关于《电力安全工作规程》的考试，加强员工的知识培训，帮助其准确理解《电力安全工作规程》中的每条规定，并结合实际情况制定本企业的实施细则，严格执行防止电气误操作安全管理规定。

再次，加大对一线员工的培训力度，帮助其熟练掌握职责范围内设备的防误装置、系统联系、操作程序、结构原理、性能作用等。

最后，建立防止电气误操作的激励约束机制、全过程质量标准和考评规定等，通过激励制度鼓励员工进行准确操作，并对误操作事故的直接责任人和领导责任人进行严肃处理，以减少误操作事故的发生。

除此之外，越来越多的数据和事故说明，在凌晨 2:00—5:00 这段时间内，人最容易困倦，极易发生误操作事故，因此电力企业可以科学合理地安排员工的工作时间、任务、环境等，以保证操作人员有良好的精神状态，避免误操作事故的发生。

二、消火栓的使用和管理

消火栓是一种固定式消防设施，其主要作用是控制可燃物、消除点火源或隔绝助燃物等，具有重要的作用和价值。电气企业管理人员和作业人员有必要掌握其管理方法和使用方法，这样才能及时扑救火灾，为电力企业的安全生产保驾护航。

（一）消火栓的放置和使用

1. 消火栓的放置

消火栓应当放置在走廊或厅堂等公共空间中，通常放置在这些公共空间的墙体之中，要求具有醒目的标志，禁止在前方设置障碍物、禁止对其做任何装饰，以避免影响消火栓的打开和及时救援。

2.消火栓的使用

消火栓可以分为室内消火栓、室外消火栓、旋转消火栓、地下消火栓、地上消火栓、双口双阀消火栓、室外直埋伸缩式消火栓等类型，其使用方法如下：

（1）室内使用方法。当室内发生火灾时，工作人员应当及时使用消防措施，使用消火栓进行灭活，其操作步骤如下：首先，打开消火栓的门，按下内部启泵报警按钮；其次，一人接好枪头和水带奔向着火点，一人则将水带的另一端接在栓头铝口上；最后，逆时针打开阀门进行喷水。注意，如果是电起火，则需要确定切断电源后方可进行灭火。

（2）室外使用方法。当室外发生火灾时，工作人员应当及时使用消防措施，使用消火栓进行灭火时的操作步骤如下：首先，救火人员用扳手打开地下消火栓的水袋口连接开关，然后按下内部启泵报警系统，并连接消防水袋；其次，用扳手打开地下消火栓的出水阀开关，并连接水袋口和出水枪头；最后，至少两人以上手拿喷水枪头向火源喷水直至熄灭。

（二）消火栓的设置要求

电力企业管理人员需要对消防设施进行有效管理，以保证可以及时使用相关设施扑灭火源，减少企业的经济损失，可以根据以下方法进行管理和设置：

（1）在室外装设消火栓设施时，宜采用地上消火栓，并沿着道路进行敷设，一般距离路面边不大于 5 m，距离建筑物外墙不小于 5 m。

（2）发生火灾时，为使得岗位人员及时对设备进行冷却保护，在加热炉、可燃液体泵、工艺装置内设甲类气体压缩机等设备附近，应当装设箱式消火栓，其保护半径应为 30 m。同时，如果地处寒冷区域，则应做好防冻措施，以保证消防设施的完整性和可使用性。

（3）在电力企业中，发生火灾时往往不能直接用水扑救，因此操作人员首先需要切断电源，同时向消防队报警，然后用小型灭火器进行扑救（一般为蒸汽灭火设施或其他固定灭火设施）。

（4）电力企业管理人员应当委派专门人员对消防设施进行检查和维护，定期、定时检查消防设施并及时更换不能使用的消防装置，以有效保证发生火灾时的快速反应。注意，对消火栓进行检修时，禁止停水。

（5）消火栓的数量和位置并不是随意确定的，企业管理人员需要按照保护半径和保护对象确定消火栓的类型和位置，并根据实际需要确定消火栓的间距。

第六章 现场伤员紧急救治管理

当现场有人员受伤时，电力企业管理人员应当及时采取适当的措施对其进行管理和救治，以最大限度降低伤员的损伤，并保障电力企业的效益。

本章主要介绍作业者触电后的急救，心搏呼吸骤停伤员的急救，作业者受伤后的急救和其他伤员的紧急救治措施等，旨在为电力企业管理人员提供切实可行的救治管理方案。

第一节 作业者触电后急救管理

在电力企业中，不管是火力发电还是水力发电，其作业人员如果操作不当都很容易发生触电的危险，这会严重威胁作业人员的生命安全。

当作业者发生触电之后，电力企业管理人员应当及时采取有效的措施或手段，以最大限度地降低作业人员发生伤亡的概率。

一、触电急救原则

当作业者触电后，管理人员应当遵循迅速、就地、准确和坚持的原则，及时对触电者进行治疗。

（一）迅速脱离电源

如果电源开关距离触电者较近，施救人员应当立即拉掉开关、切断电源；如果电源开关距离触电者较远，施救人员应当使用绝缘手套或木棒将触电者和电源分离。

需要注意的是，施救者千万不能直接接触触电者，否则会和触电者一同被电，相当危险。在帮助触电者脱离电源的过程中，施救者最好使用一只手操作，以防止自身触电，要注意施救者、触电者和带电设备的安全距离。除此之外，如果是夜晚发生触电事故，还应考虑临时照明的问题。

（二）就地进行急救

当触电者脱离电源后，施救者应当就地对触电者进行抢救，坚决不能等到将触电者送往医院后才进行抢救，否则会失去最佳的抢救时机。

需要注意的是，当事故现场对施救者的安全存在威胁时，应当将触电者转移到安全的地方再进行抢救，以保证施救者的生命安全。

（三）准确使用人工呼吸

如果触电者没有呼吸的起伏动作、处于昏迷的状态，施救者应当立刻进行心肺复苏，其做法如下：保持触电者平仰在地面上，施救者在一侧手托起触电者下颌，深吸一口气贴近触电者的嘴巴把空气吹进去，同时从体外按压心脏，需要注意的是吹气时不能漏气，需要反复有规律地吹送。

如果触电者神志清醒，并没有失去呼吸仅是四肢麻木或昏迷，这种情况下应让触电者安静休息，应随时观察其状况并等待医护人员的到来。

如果触电者失去知觉，且心跳和呼吸停止，此时应当判定触电者是否为假死状态，若为假死状态，应立即对其进行心肺复苏，不能判定触电者死亡。

（四）坚持抢救触电者

对触电者而言，坚持就有生还的希望，施救者需要坚持抢救触电者，哪怕只有百分之一的希望，也要尽最大的努力。

二、平地作业触电的营救方法

如果作业是在平地发生触电，则需要快速对触电者展开营救，其步骤和程序如下：

（一）脱离低压电源的方法

当发现作业者触电之后，施救者需要快速果断地将触电者和电源分开，具体方法可以分为"拉、切、挑、拽、垫"。

如果和电源开关距离较近，可以迅速拉开开关或拔下插头。

如果距离较远，则可以使用电工绝缘钳或干燥木柄铁锹切断电线，在这一过程中需要保持安全距离，避免短路弧光伤人。

如果触电者将电线或带电体压在身上或身下，则可以使用绝缘物品（如木棍、木板、干燥的衣服）将导线挑开，以保证触电者脱离电源。

如果触电者的衣服是干燥的，则可以拉着触电者的衣服后襟使其脱离带电部分或使用具有良好绝缘的工具拉着触电者双脚使其脱离，在这一过程中，施救者禁止直接接触触电者的脚和身躯。

如果触电者是躺在地上，则可以用木板等绝缘物体插入触电者身下，以隔离电流，注意要尽量站在绝缘物体上进行救援。

（二）脱离高压电源的方法

如果作业者是接触高压电源导致触电，其营救方法则和低压电源有所不同，可以采用拉闸停电或短路法进行营救。

1. 拉闸停电

如果作业者在接触高压电源后触电，则施救者应当立即拉闸停电救人。如果在高压配电室内触电，则应马上拉开断路器；如果在高压配电室外触电，施救者则应立即通知配电室值班人员进行紧急停电并报告上级。

2. 短路法

如果发生高压触电后不能立即切断电源开关，施救者还可以采用短路法使得线路停电，以保证触电者脱离电源。

施救者可以采用具有足够长度和截面的金属线，将其抛挂在高压线上，使得线路产生短路以停电。在这一过程中，抛挂前必须将短路线一端固定在铁塔上，另一端系上重物，然后将金属和线路相碰。

需要注意的是，在抛挂时需要注意有电弧伤人或断线的危险，施救者需要穿戴安全帽、绝缘手套，以及安全鞋。同时，当触电者触及落在地面上的高压导线时，施救者应和断点保持 8～10 m 的距离，以防止跨步电压伤人，并将触电者带离一定距离（8～10 m 以外）再进行施救。

（三）脱离跨步电压触电方法

作业者发生触电还有另一种形式，即发生跨步电压触电，其原理如下：当电气设备发生接地故障时，其电流会在大地上流散进而形成分布电位。如果作业者在这些地面行走，两脚之间（通常距离为 0.5 ～ 0.8 m）会形成电位差，即所谓的跨步电压。这时，人就会因为跨步电压导致电流沿着人的双脚和大地形成通路，进而发生触电现象。

当发生跨步电压触电现象时，触电者首先会感觉脚发麻，然后跌倒。在这一过程中，当触到较高的跨步电压时（主要取决于人体离接地点的距离，距离越近，跨步电压越高），其触电电流就会相应增大，甚至改变电流经过人体的路径并危害人体的重要器官。触电者可以采取以下方法脱离跨步电压：

（1）迅速将双脚合并在一起，并用一条腿或两条腿跳离危险区域。

（2）增设垂直接地极改变跨步电压，其主要原理体现在以下两方面：一是垂直极的引入降低了低电位，进而降低接触电势和跨步电压；二是增设垂直极后，故障电流会通过垂直极流入大地，降低水平方向的电流密度。

三、高空作业触电的营救方法

在电力企业中，电力员工难免会在高处进行作业，依据《高处作业分级》可以将高处作业分为 4 级，即一级高处作业（高度在 2 ～ 5 m）；二级高处作业（高度在 5 ～ 15 m）；三级高处作业（高度在 15 ～ 30 m）和特高级高处作业（高度在 30 m 及 30 m 以上）。

当作业者在高空作业中发生触电时，施救者不仅应当帮助触电者及时脱离电源，还应采取一定措施和方法应对触电者坠落的危险。

（一）高空作业脱离电源的方法

当作业人员在高处发生触电时，施救者需要争取时间抢救并及早将触电者送到地面上，其脱离电源的方法如下：

（1）切断线路电源。当作业人员在架空线杆塔上发生触电时，施救者应当立即切断线路电源，并带好必要的绝缘工具和绳索，在做好防护措施后迅速登杆，并使用绝缘胶柄的钢丝钳或不导电物品及早将触电者拉离电源。

在这一过程中，施救者需要确定电源已经断开并和触电者隔离时，方能对触电者进行抢救，并采取措施防止高空坠落。

（2）将触电者带离高空。当触电者脱离电源后，施救者需要将触电者扶卧在自身的安全带上，并对其进行意识、呼吸和脉搏的判断，保持触电气道的通畅，如果没有知觉和呼吸，应立即进行人工呼吸或心脏按压；如果有知觉和呼吸，则可以到地面上进行护理。

在这一过程中，施救者需要迅速登杆，登杆位置高于伤者20 cm为宜，并注意固定好自身的安全带。

（3）下放触电者。当施救者从高空将触电者带下来时，首先需要用绳子在横担上绑好触电者并将绳子绕2～3圈，同时将绳子的另一端环绕触电者腋下一圈，系上三个半靠扣，随后将绳头塞进触电者腋旁的圈内压紧，最后工作人员相互配合将触电者放在横担上。

在这一过程中，绳子选用的长度最好为杆长的 1.3 倍以上，当触电者在横担上时，应就地采用心肺复苏法进行抢救。

（二）高空作业应对坠落的方法

1. 高空坠落的应急处理方法

当高空作业人员容易发生高处坠落事故时，应当将抢救重点放在休克、骨折和出血等方面，具体可以采取以下措施：

（1）颌面部受伤。保持受伤者呼吸道通畅并清除移位的组织碎片、血凝块和口腔分泌物，同时松解伤员的颈部和胸部的纽扣。如果受伤者的空腔异物无法清除，可以采用 12 号粗针将环甲膜刺穿，以维持受伤者的呼吸。

（2）脊椎受伤。使用消毒的纱布或清洁布覆盖受伤者的伤口并用绷带包扎，同时将受伤者搬离有可能发生触电的地点。在搬运过程中，需要将受伤者平卧放在担架或硬板上，严禁只抬受伤者的两肩或单肩转运，以防止脊椎移位或断裂，从而造成截瘫甚至死亡。

（3）手足骨折。当发现受伤者的手足有可能骨折后，施救者不要盲目搬运伤者，而是首先要用夹板将骨折部位临时固定，以保证断端不会发生移位或刺伤肌肉和神经，可就地取材（木板或竹片）以固定骨折上下关节。

（4）出血受伤。当发现受伤者有出血部位时，压迫伤部以上动脉干至骨骼即可，其具体做法如下：在伤口处使用绷带加压包扎，其包扎程度以不出血和不影响肢体的血液循环为标准。如果绷带无法止血的话，可以采用止血带，原则上尽量压缩使用时间，不宜超过 1 小时，同时需要注明开始使用止血带的时间。

2. 高空坠落的防范方法

防微杜渐，将安全隐患扼杀在萌芽之中才是最好的办法，为尽量避免高空坠落的发生，电力企业管理人员可以采取以下办法：

首先，对管理人员来说，在实施高处作业时，应当按照类别对安全防护措施（包括安全网、防护栏杆、攀登工具等）进行检查和验收，当验收合格后再进行作业。同时，对作业人员进行安全技术培训和交底，并做交底记录和验收记录。除此之外，管理人员应当按照要求将安全警示标志悬挂在施工现场的相应位置，如果是夜间作业还应设置红灯警示。

其次，高处作业人员在进行作业前，应当按照相关规定配备相应的高处作业防护用品，并正确佩戴和使用。同时，在使用安全带之前进行检查和检验，保证安全带以高挂低用的方式拴在结实牢固的构件之上。

最后，高处作业现场应具备一定的安全性，即保证施工通道、攀登设施和用具的安全性。如果在通道使用梯子作业，应保证有专人监护或设置栏杆；如果需要借助梯子，应保证梯面和水平方向呈 75° 角，保证踏步的完整，梯格间的距离以 30 cm 为宜。同时，当遇到 6 级以上的强风、强雾或沙尘暴等恶劣天气时，禁止进行高处作业。

第二节　心搏、呼吸骤停伤员急救

在日常生活中，心搏骤停是威胁人们生命安全最常见的原因，电击、中毒、淹溺、严重创伤等都可以导致心搏和呼吸骤停。

近年来，在电力企业中，心搏、呼吸骤停的发生概率有所增加，尤其是在触电之后，因此管理人员和员工应当掌握心肺复苏的方法，以挽救伤者的生命，其急救方法和步骤如下：

一、判断伤者的呼吸和心跳

伤者如果丧失意识，施救者此时应当迅速察看伤者的呼吸和心跳情况，分为以下两个步骤：

（一）判定伤者的呼吸

施救者应在 5 秒之内完成以下动作，以更好地采取施救措施：

看：察看伤者的胸部和腹部是否有呼吸的起伏动作。

听：倾听伤者的口鼻是否有呼气的声音。

触：感受伤者的口鼻是否有呼气的气流。

如果伤者的呼吸暂停，施救者应当立即对伤者的心跳情况加以判定。

（二）判定伤者的心跳情况

在判定伤者呼吸情况的时候，施救者需要判定伤者的心跳情况，其具体步骤如下：将手放置在伤者的前额，并保持伤者头向后仰，然后用另一只手测试伤者是否有颈动脉搏动。

如果颈动脉搏动存在，说明心脏尚未停止搏动；如果颈动脉停止搏动，则说明心跳停止，此时应立即开始心肺复苏。

二、徒手心肺复苏

当伤者心跳、呼吸骤停时，施救者需要立即对其进行心肺复苏，帮助伤者恢复正常的心跳和呼吸，其方法或措施如下：

（一）保持伤者呼吸通畅

在进行心肺复苏之前，需要保证伤者气道通畅，迅速将伤者口腔和鼻腔中的异物清除，也可以徒手使得伤者气道开放，常用的方法包括仰头抬颈法、托颌法、仰头抬颏法，如图 6-1 所示。

保持伤者呼吸通畅的办法
- 仰头抬颈法
  - 做法：一手抬起颈部，一手压住前额，使得伤者头向后仰
  - 注意：不要让头部左右移动
- 仰头抬颏法
  - 做法：救护人员将手掌外侧缘部位放置在伤者的前额，另一手拇指和中指放置在下颌处并将下颌骨上提，使得伤者的下颌角与耳垂的连线和地面垂直
  - 注意：手指不要压颌下软组织，以免堵塞气道
- 托颌法
  - 做法：握紧伤员的下颌角，用力向上托下颌
  - 注意：头部后仰的程度不宜过大

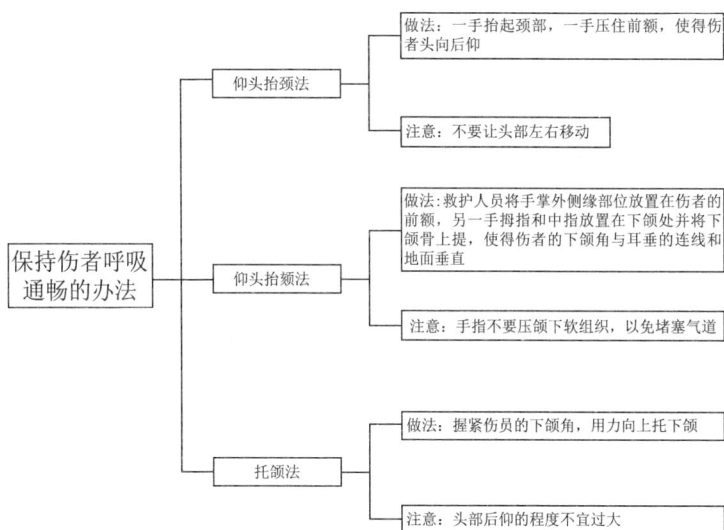

图6-1 保持伤者呼吸通畅的方法

（二）进行人工呼吸

当伤者的气道通畅后应当立即对其进行人工呼吸，即采用人工操作帮助伤者进行被动呼吸，可以分为以下两种方法：

1. 口对口人工呼吸法

口对口人工呼吸原理：口对口进行人工吹气，促使伤者的肺部膨胀和收缩，以达到气体交换的效果，其操作步骤如下：

第一，施救者将一手的掌部放置在伤员的前额，另一手的

4 指放在伤员额下，拇指则放在伤员下唇的下方，然后轻轻用力向上提起，协助前额的手掌使伤员形成"仰头"状态，进而使得伤员的嘴微微张开。

第二，施救者使用前额手的拇指和食指捏住伤员的两侧鼻孔，保持鼻子不漏气，随后轻轻向下、向后，使得伤员的头后仰。

第三，施救者深深吸气，然后紧贴伤员的嘴巴（防止漏气）吹起，并观察伤员胸部的情况，以略有起伏为宜。如果伤员胸部起伏过大，则表示吹气太多，容易将伤员肺泡吹破；如果伤员的胸部毫无起伏，则说明吹气用力过小，不能帮助伤员进行"被动"呼吸。一般而言，施救者每次吹气的时间应当保持在 1～5 秒内，其潮气量为 500～600 mL 为宜，并保持均匀和平稳的吹气，这样才能使得伤员肺部均匀稳定地进行扩张。

第四，施救者吹气结束之后，应当立即离开伤员的嘴巴，并同时放开伤员捏紧的鼻孔，以使得伤员自动向外呼气。

需要注意的是，如果伤员的嘴巴不容易掰开，施救者可以捏紧伤员的嘴巴，向鼻孔吹气，也可以达到同样的效果（即口对鼻人工呼吸）。

2. 摇臂压胸人工呼吸

如果伤员的嘴巴或面部损伤严重，无法采用口对口或口对鼻等方法进行人工呼吸，则可以采用摇臂压胸法做人工呼吸，其做法如下：

首先，保持伤员在仰卧状态，用柔软物稍微垫高伤员的肩部，同时将伤员的头部向后仰。

其次，施救者跪坐在伤员的头部，然后双手拉直伤员的双臂过头，使得伤员胸廓被动进行扩张，以吸入空气。

再次，保持上述动作 2～8 秒，并弯屈伤员的两臂，将伤员的肘部放回到伤员两侧的肋部，随后用力挤压约 2 秒的时间，进而使得伤员的胸腔缩小、呼出空气。

最后，重复上述操作，保持每分钟 16～18 次，以帮助伤员进行呼吸。

（三）进行胸外心脏按压

如果伤员不仅呼吸暂停，且脉搏也停止搏动，此时应当立即对伤员实施胸外心脏按压以恢复伤员的心跳和血液循环，其具体做法如下：

（1）正确放置伤员。伤员应当仰面躺平在地面或地板上，并将其下肢抬高 30 cm 左右的距离以帮助伤员静脉血液回流。

（2）找到胸外按压的正确部位。施救者手的食指和中指并拢，中指放在伤员剑突和胸骨的接合处，食指则紧贴着中指按在胸骨的下方，而另一只手的掌根则紧贴食指放在伤员的胸骨上，并将双手放在胸骨上，其做法如下：双手十指相扣，一手的手掌放在伤员的胸壁上，另一手的手掌叠放在此手背上，手掌根部长轴和胸骨长轴保持一致。

（3）用适当力量进行按压。当确定按压部位以后，施救者的身体应当略向前倾约 45°，以使得两臂垂于伤员按压部位的上方，在保持肘关节绷直不弯曲的情况下，使用掌根接触按压部位，并利用适当的力量将伤员胸骨向脊柱方向按压。

在按压的过程中，施救者应当保持平稳而有节奏，每分钟80～100次，按压深度保持在4～5 cm，在伤员没有恢复自主心跳时，需要施救者不断进行按压，其停歇时间不宜超过5秒。需要注意的是，每次按压后应当放松手掌使得伤员的胸廓恢复到按压前的位置，但双手不离开伤员的胸壁。

通常情况下，当伤员发生心跳、呼吸骤停后，施救者应当保持胸外按压和人工呼吸同时进行，这样才能更好地确保伤员恢复心跳和呼吸，其节奏一般如下：单人进行心肺复苏时，按压15次之后进行口对口人工呼吸两次（即15：2）；双人进行心肺复苏时，按压5次之后进行人工呼吸1次（即5：1）。

三、自动体外除颤器

当伤员心搏骤停后，其血液循环也随之停止，此时伤员处于十分危险的境地，除了徒手进行心肺复苏外，施救者还可以采用自动体外除颤器（AED）等工具进行电除颤，以恢复伤员的心跳，其使用步骤如下：

首先，打开AED的电源开关，并按照语音提示进行操作。

其次，将AED的电极片安置到伤员的正确部位，这一操作关系到除颤的效果，不容忽视，其正确做法如下：心尖部的电极片应当放置在左腋前线之后第五肋间处，另一片电极则应放置在伤员胸骨右缘、锁骨下。

再次，施救者应将周边人员进行驱散，示意其不要接触伤员，等待 AED 分析伤员的心律并判断是否需要除颤。

最后，施救者得到除颤信息后等待充电，然后按下电击按钮除颤，当心肺复苏 2 分钟后，AED 将会再次自动分析心律，施救者可以再次按键进行电击除颤。

第三节　作业者受伤后急救管理

在电力企业中，工作人员难免会因机械设备等外力造成肌体损伤，包括撞击碾压、电击坠落、跌倒等，其发生率较高、危害性较大，电压企业管理人员应对其有所了解，并掌握一定的应对管理方法。

一、了解伤员创伤的具体类型

处理创伤的最终目的是挽救生命、降低伤残、减轻痛苦，因此施救者需要在最佳的时机内以最大的努力救治伤员，需要对伤员的具体情况有所了解，遵循"先救命后治伤"的原则，对伤员进行初步检查，以获得最佳的救治时机，其检查顺序如下：

第一，检查伤员的呼吸是否平稳、头部是否有出血现象，同时用双手触摸伤员的头皮，检查伤员头部是否肿胀、凹陷。

第二，施救者用手指从伤员的颅底沿着脊椎向下快速轻轻触摸，检查伤员的脊椎是否有肿胀或变形，如果颈椎有损伤，则应使用工具固定伤员的颈部。需要注意的是，在这一过程中不可移动伤员。

第三，施救者双手轻按伤员双侧胸部，并检查伤员双侧呼吸活动是否对称、胸廓是否存在变形或异常。

第四，施救者双手上下左右轻轻按压伤员腹部的 4 个象限，并检查伤员腹部的软硬程度，检查其是否存在明显的肿块。同时，施救者需要注意检查伤员的骨盆和四肢是否存在损伤。

二、伤员外出血的止血办法

（一）伤员的失血量和症状

严重的外伤通常会引起大量出血进而危及伤员的生命，按照血管类型可以分为动脉出血、毛细血管出血和静脉出血。其中，动脉出血呈涌泉状或随心搏节律性喷射，甚至导致循环血容量快速下降，出现以下出血症状：一是轻度出血（占全身血容量的 20%，约为 800 mL），其具体表现为轻度休克症状（如口渴、出冷汗、面色苍白、手足湿冷等），脉搏可高达每分钟 100 次；二是中度失血（占全身血容量的 20% ～ 40%，为 800 ～ 1600 mL），具体表现为中度休克症状（包括呼吸急促、烦躁不安），脉搏可高达每分钟 100 次；三是重度失血（占全身血容量的 40%，约为 1600 mL），具体表现为脉搏细弱或摸不到，表情淡漠、无法测清血压，随时危及生命安全。

因此，施救者需要及时对伤员进行止血处理，以避免伤员因出血量过大而危及生命。

（二）止血的材料和方法

常用来止血的材料有绷带、止血带、创可贴、三角巾、无菌敷料等，如果条件有限，也可以使用毛巾、衣物、布料、手绢等进行包扎。

如果伤员的出血量并不多，可以用干净、流动的水流冲洗伤员表面的伤口，然后用创可贴或干净的纱布进行包扎；如果伤员的出血量比较大且比较严重，应当立即采取止血措施并拨打急救电话，其止血方法有以下几种，如图6-2所示。

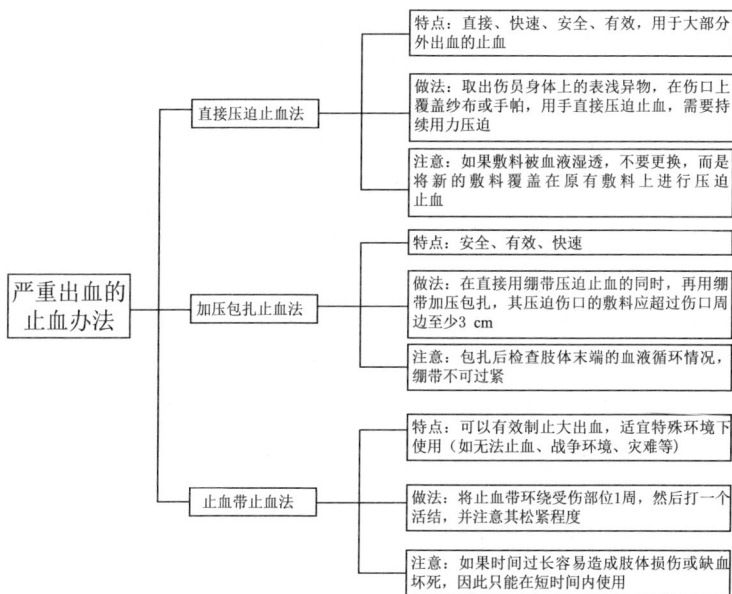

```
                    ┌─ 特点：直接、快速、安全、有效，用于大部分
                    │    外出血的止血
                    │
          直接压迫   ├─ 做法：取出伤员身体上的表浅异物，在伤口上
          止血法     │    覆盖纱布或手帕，用手直接压迫止血，需要持
                    │    续用力压迫
                    │
                    └─ 注意：如果敷料被血液湿透，不要更换，而是
                         将新的敷料覆盖在原有敷料上进行压迫
                         止血

                    ┌─ 特点：安全、有效、快速
                    │
严重出血的          │
止血办法  ─ 加压包扎  ├─ 做法：在直接用绷带压迫止血的同时，再用绷
          止血法     │    带加压包扎，其压迫伤口的敷料应超过伤口周
                    │    边至少3 cm
                    │
                    └─ 注意：包扎后检查肢体末端的血液循环情况，
                         绷带不可过紧

                    ┌─ 特点：可以有效制止大出血，适宜特殊环境下
                    │    使用（如无法止血、战争环境、灾难等）
                    │
          止血带     ├─ 做法：将止血带环绕受伤部位1周，然后打一个
          止血法     │    活结，并注意其松紧程度
                    │
                    └─ 注意：如果时间过长容易造成肢体损伤或缺血
                         坏死，因此只能在短时间内使用
```

图6-2 严重出血的止血办法

如果伤员是内出血，则有可能在表面无法看到出血现象，但此刻可以看到伤员面目苍白、皮肤发绀，其脉搏快而弱。此时应拨打急救电话或尽快送伤员去医院。

如果伤员因为内出血而出现休克症状，则施救者应当立即采取救护休克的措施，并密切观察伤员的呼吸和心跳，同时保持气道通畅。

三、伤员不同部位的包扎方法

快速准确地包扎伤口是应对外伤的重要一环，其不仅可以快速止血、防止伤口感染，还可以减轻伤员的疼痛，利于转运和治疗，不同受伤部位采取的包扎方法有所差异。

（1）双肩燕尾式包扎法。该方法适用于双肩、背部、胸部的包扎，其具体做法如下：将三角巾折成燕尾式（即夹角呈130°左右）并将其放置在伤员的胸前或颈后部，同时两燕尾底角接上绷带于背后打结，然后将两燕尾角分别放在两肩拉向背后以和前结余头打结。

（2）胸部和背部包扎法。该方法的具体做法如下：将三角巾的底边横放在伤员的胸部，其顶角则从伤口侧边越过肩上折向背部。此时，三角巾的中部将会盖在伤员胸部的伤口处，这时将两底角拉向背部打结并和顶角打结在一起。

背部的包扎方法和胸部包扎方法相反，是指三角巾的两底角在伤员胸前打结固定。

（3）腹部包扎方法。将三角巾折成燕尾式，然后将燕尾底边横放在伤员的腹部，其夹角对准伤员大腿外侧的正中线，将底边两段绕腹部一圈并在腰背打结，随后燕尾前角包绕大腿并和后角打结。

两燕尾底边角则绕伤员大腿根部打结，两燕尾角拉至对侧在腰部打结。

（4）下颌包扎法。将三角巾折叠成约四横指宽的带形，取1/3处托住下颌，长端经耳前绕过头顶至对侧耳前上方，与另一端交叉，然后分别绕至前额及枕后，于对侧打结固定。

（5）颈部包扎法。将健侧的手放在头顶上，上臂做支架，或以健侧的腋下做支架，再以绷带卷或三角巾进行包扎，切不可绕颈做加压包扎，以免压迫气管和对侧颈动脉。

第四节　其他伤员的紧急救治措施

当伤员出现骨折、电、烧伤、中暑等情况后，应当及时采取适当的措施降低伤员的损伤程度。

一、骨折的处理措施

当伤员发生骨折时，为减轻伤员的疼痛、防止损伤伤员的脊髓和神经等重要组织，施救者需要及时对骨折处进行固定。

（一）骨折的固定材料

在伤员发生骨折情况时，施救者应用颈托、夹板、脊柱板、头部固定器、铝芯塑型夹板、三角巾、绷带等工具对骨折部位进行有效固定。

当然，在没有合理工具的情况下，施救者可以就地取材以固定伤员的骨折部位，如杂志、报纸、硬纸板等。

（二）骨折的操作要点和注意事项

1. 骨折的操作要点

当伤员发生骨折时，施救者需要根据现场的条件和伤员骨折的部位灵活采取固定方式，其操作要点如下：

（1）将伤员放置到合适的位置并就地实施救治。

（2）在夹板和骨突出、关节突出位置处添加衬垫。

（3）首先固定骨折的上端（即近心端），然后固定骨折的下端（即远心端），注意骨折两端应该分别固定两条固定带，绑带严禁系在骨折处。

（4）如果伤员是前臂和小腿部位发生骨折，则需要用两块夹板进行固定。

（5）如果伤员是上肢部位发生骨折，应该呈屈肘位（肘关节不能屈伸）；如果伤员的下肢部位发生骨折，则应该呈伸直位。

（6）在包扎伤员的骨折部位时，应当暴露出伤员指（趾）端，以更好地检查伤员末梢血液循环是否通畅。

2. 骨折的注意事项

当伤员发生骨折时，禁止用水清洗，在止血的同时应保持伤口的清洁，需要注意以下事项：

（1）如果伤员骨折的部分出血，则需要首先止血，然后再进行固定；如果伤员出现休克症状，则需要进行抗休克治疗。

（2）在对伤员的骨折部位进行固定时，其动作要轻柔，禁止乱动骨折部位，以更好地避免骨头刺伤神经和血管。

（3）当骨折固定工作结束后，应当挂上标记并写明骨折时间，以便于医生快速做出诊断和治疗。

（4）在包扎骨折部位时，需要露出手指和脚趾，如果发现末端苍白、青紫，则说明包扎过紧，需要放松包扎程度。

（5）如果伤员的肢体完全断离，则需要采用加压包扎法以妥善止血。

（三）不同部位骨折的包扎方法

伤员骨折的部位不同，其包扎方法也有不同，不同部位采取的包扎固定方法如下：

1. 上肢骨折固定方法

如果伤员的上臂发生骨折，施救者需要及时应用铝芯塑型夹板固定骨折的部位，并将伤肢固定在躯干上，其做法如下：

将伤员受伤的手臂呈屈肘位，并用大悬臂带将伤肢悬吊起来，同时在躯干和受伤的手臂之间添加衬垫，利用宽带将受伤的手臂固定在躯干上，最后检查末端血液循环以更好地包扎伤口。

如果伤员的前臂骨发生骨折，施救者需要及时应用夹板固定手臂，和上臂骨折的固定方法相同，呈屈肘位，将伤肢固定在躯干上，并用衣服托起伤肢。

2. 下肢骨折的固定方法

如果伤员的大腿发生骨折，施救者需要及时应用三角巾、布袋、绷带等3条宽带将下肢固定，其做法如下：

（1）将3条宽带从健康的肢体一侧穿入，将双腿的下肢固定在一起。

（2）在伤员两膝、两踝和两腿之间添加衬垫，并以此固定骨折部位的上下两端，需要将固定带的结打在健康肢体的外侧。

（3）按照"8"字法固定伤员的脚踝。如果伤员的小腿发生骨折，其固定方法和大腿骨折相同，即用3条宽带将小腿固定，首先固定骨折的上下两端，然后固定伤员的大腿，并用"8"字法固定伤员的脚踝。

3. 脊柱骨折和骨盆骨折的固定方法

如果伤员的脊柱发生骨折，这时严禁移动伤员的肢体，施救者应当立即拨打急救电话，等待专业的医护人员进行救治，同时随时观察伤员的呼吸和心跳情况。

如果伤员的骨盆发生骨折，应当应用三角巾或替代品对骨盆进行固定，其方法如下：

（1）施救者用三角巾或床单等替代品从伤员的腰下插入并向下抻到臀部位置处。

（2）将伤员的下肢弯屈，并在双膝之间添加衬垫固定双膝。

（3）将三角巾从后向前包绕臀部并扎紧，同时在伤员的腹部打结。

（4）在伤员的膝关节下添加软垫，并随时观察伤员的呼吸和心跳。

二、电烧伤的处理措施

当电流经过人体时往往会对身体造成损伤或烧伤，尤其是电工和线路工难免会遇到这种问题。

根据电烧伤的性质，可以将其分为电接触烧伤、电火花烧伤、电弧烧伤，以及雷电烧伤，其伤口深达人体的肌肉、神经、血管和骨骼等部位，进口处创面大而深、出口处创面较小，并具有较高的致残率，平均截肢率高达30%，对人体具有较大的危害。

因此，施救者需要掌握必备的电烧伤处理知识，一旦发生电烧伤则需要立即帮助伤员脱离电源，并保护电烧伤的创面免受污染，及时对伤员进行心肺复苏或骨折急救，最好将伤员送到专业电烧伤医院进行专业治疗。

三、中暑的处理措施

由于电力企业的作业人员偶尔会长时间在日照或高温环境下进行工作，因此难免发生中暑症状，具体表现为：全身乏力、恶心呕吐、头晕胸闷、体温升高等。

作业人员一旦中暑，施救者应当立即将其撤离高温环境，并将其移动到阴凉和通风处，使作业人员保持平卧的状态，并解开作业人员的衣扣。同时，施救者应当用冷水浸湿毛巾放置在作业人员的额头，并喂给作业人员淡盐水，如果作业人员有肌肉抽搐的现象，则应当适当按摩痉挛部位。

当然，除了上述处理措施外，施救者可以用冷水浸湿被单并包裹中暑者的身体，用电扇进行通气和降温，通过急速降温对中暑者进行现场急救，这样可以有效地防止中暑者出现昏迷和休克。需要注意的是，施救者不能将冰袋直接放置在中暑者的皮肤上，这样会冻伤中暑者的皮肤。

参考文献

[1] 国家安全生产应急救援指挥中心组织.电力企业安全生产应急管理[M].北京:煤炭工业出版社,2013.

[2] 苑舜,田雨平.电力安全生产技术与管理[M].沈阳:白山出版社,2005.

[3] 朱鹏.电力安全生产及防护[M].北京:北京理工大学出版社,2020.

[4] 任晓丹,刘建英.电力安全生产与防护[M].北京:北京理工大学出版社,2013.

[5] 杨瓅,向婉芹.电力生产安全技术[M].重庆:重庆大学出版社,2015.

[6] 杨瓅,杨孝华.电力生产安全技术[M].成都:电子科技大学出版社,2014.

[7] 国家发展和改革委员会.电力安全生产监督管理办法 NE 国家能源政策法规普法学习读本[M].杭州:浙江人民出版社,2015.

[8] 山西省电力工会.图解电力安全生产知识要诀[M].北京:中国电力出版社,2006.

[9] 吉林省电力有限公司 . 电力企业各级人员安全生产职责 [M]. 北京 : 中国电力出版社 , 2000.

[10] 黄成群 . 电力生产现场作业安全管控一本通 [M]. 合肥 : 中国科学技术大学出版社 , 2018.

[11] 国家电力公司发输电运营部 . 电力生产安全监督培训教材 [M]. 北京 : 中国电力出版社 , 2003.

[12] 贵州电网公司 . 防止电力生产人身安全事故六项重点安全措施 [M]. 北京 : 中国电力出版社 , 2006.

[13] 曹建忠 , 张学众 . 电力生产标准化作业安全措施卡 [M]. 北京 : 中国电力出版社 , 2003.

[14] 古朝觐 . 防止电力生产人身安全事故六项重点措施 [M]. 北京 : 中国科学技术出版社 , 2006.

[15] 郝印涛 . 电力安全管理手册 [M]. 南昌 : 二十一世纪出版社 , 2015.

[16] 刘福潮 , 解建仓 , 罗军刚 . 电力企业安全管理技术与实践 [M]. 西安 : 陕西科学技术出版社 , 2009.

[17] 王彦辉 , 王敬敏 . 电力系统安全风险评估及应急管理 [M]. 北京 : 中国质检出版社 , 2017.

[18] 《电力安全监督管理工作手册（2018 年版）》编委会 . 电力安全监督管理工作手册 2018 年版下册 [M]. 北京 : 中国建材工业出版社 , 2018.

[19] 田雨平 , 周凤鸣 . 电力企业现代安全管理知识问答 [M]. 北京 : 中国电力出版社 , 2001.

[20] 电力工业部安全监察及生产协调司 . 电力生产安全管理规定汇编 [M]. 北京 : 中国电力出版社 , 1997.

[21] 宋守信，武淑平，翁勇南 . 电力安全管理概论 [M]. 北京 : 中国电力出版社 , 2009.

[22] 《中国电力企业管理创新与实践》编委会 . 中国电力企业管理创新与实践 (2016)[M]. 杭州 : 浙江人民出版社 , 2016.

[23] 张海洋 . 中国电力企业管理标准化案例精选 [M]. 北京 : 中国水利水电出版社 , 2011.

[24] 朱海嘉 . 中国近代电力企业经营管理研究 [M]. 北京 : 社会科学文献出版社 , 2018.

[25] 何宇宏 . 电力企业文化理论与实践 [M]. 上海 : 复旦大学出版社 , 2015.

[26] 吴大器 . 现代电力管理创新 [M]. 北京 : 中国电力出版社 , 2001.

[27] 黄成群 . 电力生产现场作业安全管控一本通 [M]. 合肥 : 中国科学技术大学出版社 , 2018.

[28] 浙江省电力公司 . 电力安全生产基础知识 [M]. 北京 : 中国电力出版社 , 1999.

[29] 《电力建设施工企业安全管理人员培训教材》编写组 . 电力建设施工企业安全管理人员培训习题集 [M]. 北京 : 电子工业出版社 , 2014.

[30] 杨鲲鹏 . 电力企业典型应用技术创新研究 [M]. 武汉 : 华中科技大学出版社 , 2018.

[31] 刘贵生 . 电力企业绩效考核战略的视角 [M]. 上海 : 上海财经大

学出版社, 2006.

[32] 彭文兵, 马新智. 电力企业内部控制设计与评价 [M]. 上海 : 上海财经大学出版社, 2006.

[33] 《电力施工企业生产岗位技术问答》编委会. 电力施工企业生产岗位技术问答送电线路施工 [M]. 北京 : 中国电力出版社, 2017.

[34] 《电力施工企业生产岗位技术问答》编委会. 电力施工企业生产岗位技术问答管道安装 [M]. 北京 : 中国电力出版社, 2017.

[35] 李景禄. 电力系统安全技术 [M]. 北京 : 中国水利水电出版社, 2009.

[36] 王毓芳, 杨德生, 张晓来. 电力系统适用的统计技术 [M]. 北京 : 中国计量出版社, 2003.

[37] 冒徽. 电力企业安全生产技术与风险管理体系 [J]. 华东科技 (综合),2020(6):323.

[38] 任韵洁. 电力企业生产技能人员培训研究 [J]. 山海经 : 教育前沿 ,2021(3):343.

[39] 施文俊, 鲁自凯, 殷宏成. 电力企业生产安全问题及应对措施探讨 [J]. 中国机械 ,2021(8):65–66.

[40] 郑宇. 电力企业生产的安全风险及风险管控分析 [J]. 市场周刊 (理论版),2020(62):216.

[41] 葛爽. 电力企业生产安全事故应急预案的编制及改进 [J]. 电力安全技术 ,2019(1):13–15.

[42] 王升辉. 基层电力企业生产问题研究与对策分析 [J]. 江苏科技信息 ,2019(20):26–28.